编委

郝文杰	全国民航职业教育教学指导委员会副秘书长、中国民航管理干部学院副教授
江丽容	全国民航职业教育教学指导委员会委员、国际金钥匙学院福州分院院长
林增学	桂林旅游学院旅游学院党委书记
丁永玲	武汉商学院旅游管理学院教授
史金鑫	中国民航大学乘务学院民航空保系主任
刘元超	西南航空职业技术学院空保学院院长
杨文立	上海民航职业技术学院安全员培训中心主任
范月圆	江苏航空职业技术学院航空飞行学院副院长
定 琦	郑州旅游职业学院现代服务学院副院长
黄 华	浙江育英职业技术学院航空学院副院长
王姣蓉	武汉商贸职业学院现代管理技术学院院长
毛颖善	珠海城市职业技术学院旅游管理学院副院长
黄华勇	毕节职业技术学院航空学院副院长
魏 日	江苏旅游职业学院旅游学院副院长
吴 云	上海旅游高等专科学校外语学院院长
穆广宇	三亚航空旅游职业学院民航空保系主任
田 文	中国民航大学乘务学院民航空保系讲师
汤 黎	武汉职业技术学院旅游与航空服务学院副教授
江 群	武汉职业技术学院旅游与航空服务学院副教授
汪迎春	浙江育英职业技术学院航空学院副教授
段莎琪	张家界航空工业职业技术学院副教授
王勤勤	江苏航空职业技术学院航空飞行学院副教授
覃玲媛	广西蓝天航空职业学院航空管理系主任
付 翠	河北工业职业技术大学空乘系主任
李 岳	青岛黄海学院空乘系主任
王观军	福州职业技术学院空乘系主任
王海燕	新疆职业大学空中乘务系主任
谷建云	湖南女子学院管理学院副教授
牛晓斐	湖南女子学院管理学院讲师

高等职业学校"十四五"规划民航服务类系列教材
福建省职业教育在线精品课程配套教材

航空餐饮服务

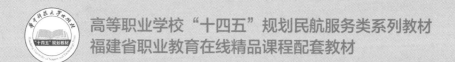

主　编◎ 张清影　廉晓利　黄冬群
副主编◎ 李佳贝

华中科技大学出版社
http://press.hust.edu.cn
中国·武汉

内容提要

本书将空中乘务人员需要掌握的餐饮服务知识与技能，分为初识航空餐饮服务、航空营养配餐与卫生安全、航空餐饮创意设计、客舱餐饮服务、特殊餐食服务、特殊旅客餐饮服务、客舱餐饮英文服务七个项目，并进行详细论述。本书注重实用性和实训性，对空中乘务人员餐饮服务这一领域进行了有效的探索。在教学结构与内容设计方面，基于机上餐饮服务工作情景进行项目化分析，以具体、典型的餐饮服务工作任务为载体，依照岗位工作标准和空中乘务人员职业技能标准制定课程学习要求。

本书适用于高等职业学校航空餐饮服务与管理相关课程的教学，也可作为对航空餐饮工作感兴趣的社会人员的自学教材和培训教材。

图书在版编目(CIP)数据

航空餐饮服务 / 张清影，廉晓利，黄冬群主编 . -- 武汉：华中科技大学出版社，2024.8. -- ISBN 978-7-5772-0953-1

Ⅰ. F560.9

中国国家版本馆CIP数据核字第2024CT5705号

航空餐饮服务
Hangkong Canyin Fuwu

张清影　廉晓利　黄冬群　主编

策划编辑：胡弘扬
责任编辑：聂筱琴　胡弘扬
封面设计：廖亚萍
责任校对：李　琴
责任监印：周治超

出版发行：华中科技大学出版社（中国·武汉）　　电话：(027)81321913
　　　　　武汉市东湖新技术开发区华工科技园　　邮编：430223

录　　排：孙雅丽
印　　刷：武汉科源印刷设计有限公司
开　　本：787mm×1092mm　1/16
印　　张：11.5
字　　数：268千字
版　　次：2024年8月第1版第1次印刷
定　　价：49.80元

本书若有印装质量问题，请向出版社营销中心调换
全国免费服务热线：400-6679-118　竭诚为您服务
版权所有　侵权必究

INTRODUCTION
出版说明

民航业是推动我国经济社会发展的重要战略产业之一。"十四五"时期,我国民航业将进入发展阶段转换期、发展质量提升期、发展格局拓展期。2021年1月在北京召开的全国民航工作会议指出,"十四五"末,我国民航运输规模将再上一个新台阶,通用航空市场需求将被进一步激活。这预示着我国民航业将进入更好、更快的发展通道。而我国民航业的快速发展模式,也对我国民航教育和人才培养提出了更高的要求。

2021年3月,中国民用航空局印发《关于"十四五"期间深化民航改革工作的意见》,明确了科教创新体系的改革任务,要做到既面向生产一线又面向世界一流。在人才培养过程中,教材建设是重要环节。因此,出版一套把握新时代发展趋势的高水平、高质量的规划教材,是我国民航教育和民航人才建设的重要目标。

基于此,华中科技大学出版社作为教育部直属的重点大学出版社,为深入贯彻习近平总书记对职业教育工作作出的重要指示,助力民航强国战略的实施与推进,特汇聚一大批全国高水平民航院校学科带头人、"双师型"骨干教师以及民航领域行业专家等,合力编著高等职业学校"十四五"规划民航服务类系列教材。

本套教材以引领和服务专业发展为宗旨,系统总结民航业实践经验和教学成果,在教材内容和形式上积极创新,具有以下特点:

一、强化课程思政,坚持立德树人

本套教材引入"课程思政"元素,树立素质教育理念,践行当代民航精神,将忠诚担当的政治品格、严谨科学的专业精神等内容贯穿于整个教材,旨在培养德才兼备的民航人才。

二、校企合作编写,理论贯穿实践

本套教材由国内众多民航院校的骨干教师、资深专家学者联合多年从事乘务工作的一线专家共同编写,将最新的企业实践经验和学校教科研理念融入教材,把必要的服务理论和专业能力放在同等重要的位置,以期培养具备行业知识、职业道德、服务理论和服务思想的高层次、高质量人才。

三、内容形式多元化,配套资源立体化

本套教材在内容上强调案例导向、图表教学,将知识系统化、直观化,注重可操作性。华中科技大学出版社同时为本套教材建设了内容全面的线上教材课程资源服务平台,为师生们提供全系列教学计划方案、教学课件、习题库、案例库、教学视频和音频等配套教学资源,从而打造线上线下、课内课外的新形态立体化教材。

我国民航业发展前景广阔,民航教育任重道远,为民航事业的发展培养高质量的人才是社会各界的共识与责任。本套教材汇集了来自全国各地的骨干教师和一线专家的智慧与心血,相信其能够对我国民航人才队伍建设、民航高等教育体系优化起到一定的推动作用。

本套教材在编写过程中难免存在疏漏、不足之处,恳请各位专家、学者以及广大师生在使用过程中批评指正,以利于教材质量的进一步提高,也希望并诚挚邀请全国民航院校及行业的专家学者加入我们这套教材的编写队伍,共同推动我国民航高等教育事业不断向前发展。

华中科技大学出版社
2021 年 11 月

PREFACE
前言

在远离地面的三万英尺的高空,除了舒适的环境、亲切的服务、悦耳的音乐,长途飞行更能打动人心的,或许是视觉、嗅觉、味觉与云端美食相遇的刹那。航空餐饮服务是航空公司提供对客服务的重要内容,对航空旅客的旅行体验及航空旅客选择航空公司具有重要影响,也是容易引起航空旅客的不满意并遭到投诉的重点方面。为了帮助学校、社会培养更多素质高、实践能力强的航空服务与管理人才,特编写此书,以飨读者。

《航空餐饮服务》力求在内容上涵盖空中乘务人员所需要掌握的航空餐饮服务基础知识和技能,包括航空餐食基础知识、我国各地及我国主要客源国的饮食习俗、客舱餐饮创意设计、航空餐食与营养配餐标准、客舱供餐服务标准等内容;关注互联网时代背景下各大航空公司在航空餐饮菜单设计、技术工艺和商业营销上的创新和创意,引入了真实案例及丰富的图片,突出了空中乘务人员职业特色与"三创"教学的实用性和实训性,注重教材的动态信息化与课程教学的情景化与项目化。

本书以任务和案例为主体,结合实际工作流程设计任务内容。创新学科课程的设计思路,紧紧围绕航空餐饮服务与管理的需要来选择和组织课程内容,体现航空餐饮服务实践与相关理论知识的密切联系,将课程学习内容与职业岗位能力要求紧密对接。

本书设置了项目描述、项目目标、知识导图、项目引入、知识活页等模块,在有助于顺利推进教学的同时,保证学生学习的循序渐进;力求图文并茂,以增强内容的直观性和可读性。充分开发文本、图像等多模态的学习资源,为学生提供丰富的实践机会,强化学生实际应用能力训练。

本书由漳州职业技术学院张清影、廉晓利、黄冬群担任主编,湖南都市职业学院李佳贝担任副主编。书稿具体编写任务分工如下:张清影负责项目一、项目二的编写工作;廉晓利负责项目三、项目四、项目五的编写工作;黄冬群负责项目六、项目七的编写工作;李佳贝负责案例收集和书稿校对工作。

编者

航空餐饮服务慕课视频

CONTENTS 目录

项目一 初识航空餐饮服务 ···1
  任务一 航空餐饮服务发展历程 ·······································2
  任务二 我国航空餐饮产品与服务存在的问题 ······················7
  任务三 空中乘务人员职业素养 ···9

项目二 航空营养配餐与卫生安全 ·······································13
  任务一 食品营养基础知识 ···15
  任务二 航空营养配餐 ···18
  任务三 航空配餐的卫生与安全 ···23

项目三 航空餐饮创意设计 ···29
  任务一 航线主题餐饮创意设计 ···34
  任务二 节日主题航空餐饮创意设计 ·································70
  任务三 航空餐饮服务创意设计 ···76

项目四 客舱餐饮服务 ···90
  任务一 客舱餐食认知 ···92
  任务二 客舱酒水认知 ···94
  任务三 客舱餐饮服务流程 ···104
  任务四 客舱餐饮服务标准 ···114

项目五 特殊餐食服务 ···119
  任务一 特殊餐食的定义及分类 ···120
  任务二 特殊餐食的申请 ···128
  任务三 特殊餐食的确认与发放 ···133

项目六 | **特殊旅客餐饮服务** …………………………………………………… 137
    任务一　特殊旅客的种类、特征 ………………………………………… 138
    任务二　特殊旅客餐饮服务 ……………………………………………… 142

项目七 | **客舱餐饮英文服务** ………………………………………………… 148
    任务一　客舱餐饮中英文广播 …………………………………………… 149
    任务二　客舱餐饮中英文服务 …………………………………………… 152
    任务三　客舱餐饮服务突发情况处理（中英文） ……………………… 165

参考文献 ………………………………………………………………………… 171

项目一　初识航空餐饮服务

项目描述

本项目详细介绍了航空餐饮的发展历史、发展现状和发展趋势。

项目目标

○ 知识目标

（1）掌握航空餐饮的发展历史、发展现状和发展趋势。

（2）了解我国航空餐饮产品与服务存在的问题。

（3）掌握空中乘务人员的职业素养要求。

○ 能力目标

（1）能够根据航空餐饮服务对空中乘务人员的素质要求，掌握相应的服务技能，提高服务水平。

（2）熟悉航空餐饮的服务理念，能够礼貌、规范、热情地接待旅客。

○ 素养目标

（1）彰显空中乘务人员的职业素养。

（2）培养一丝不苟的工作作风。

知识导图

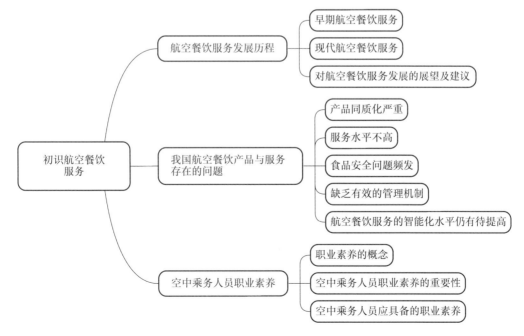

 **项目引入**

阿联酋航空机上餐食提前点餐服务已扩展至全球92个目的地

阿联酋航空机上餐食提前点餐服务现已在全球92条航线上正式上线,新近扩展的航线涉及利雅得、吉达、德里、孟买、吉隆坡等30个目的地。目前阿联酋航空已在超过3000架次航班上为旅客提供超过10000份预订餐食,阿联酋航空每天收到的预订餐食需求超过600份。

这项新服务为商务舱旅客提供在航班起飞前两周内预选主菜的服务,以确保旅客每次都能选到自己喜欢的菜肴,并有助于减少食物浪费。截至目前,在预选时最受欢迎的主餐有香煎牛里脊配百里香汁、烤薯角和蒸芦笋,烤牛里脊配奶油野菌酱、肯尼亚青豆和焗土豆,萨福克烤鸡配黑蒜和英式方旦土豆等;在预选时最受欢迎的早餐有切达干酪、小葱煎鸡蛋卷配奶油菠菜、小炒波托贝罗菇和烤腌小番茄等。

为了让旅客在航班上享受到优质的餐饮服务,阿联酋航空支持旅客在航班起飞前两周内在阿联酋航空官网或官方App上浏览机上菜单,菜单包括一系列取材于地方且具有地方风味的菜肴。阿联酋航空为商务舱旅客供应由大厨精心烹制的系列美食,包括早餐时段的巧克力榛子煎饼搭配蜜饯杏干和里科塔奶酪蘸酱;午餐时段的摩洛哥风味太平洋鳕鱼配意式香菜酱和黎巴嫩名菜"Moghrabieh"(由鸡肉、鹰嘴豆和珍珠洋葱辅以各种香料炖煮而成)配藏红花辣番茄沙司,以及西兰花和豆蔻烤南瓜;晚餐时段的干煎鲑鳟鱼配藏红花奶油,以及白灼青豆、炖甜菜根和葱香玉米饼。

在航班上,空中乘务人员将在电子设备上查看旅客的预选菜品,并为旅客提供相应的餐食。阿联酋航空跟踪现有旅客偏好数据形成人工智能数据,并将机组人员机上报告作为补充,在此基础上,推出机上餐食的提前点餐服务,有助于菜单规划、优化餐食装载和最大限度地减少浪费。

旅程数字化和创新是阿联酋航空关注的核心领域。除了预订餐食,阿联酋航空还为旅客提供以下服务:在官网或官方App进行在线值机、自主选择电子登机牌和管理行程、访问机上餐食电子菜单、快速注册Skywards会员并登录即可享受机上免费Wi-Fi,以及在航班起飞前个性化定制"Ice机上娱乐系统"播放列表。

(资料来源:《阿联酋航空机上餐食提前点餐服务已扩展至全球92个目的地》,中国航空新闻网,2023年10月23日。)

任务一　航空餐饮服务发展历程

 **任务描述**

本任务对航空餐饮服务发展历程进行了较为全面的介绍,具体内容包括早期航空餐饮服务、现代航空餐饮服务和对航空餐饮服务发展的展望及建议。

 **任务目标**

了解航空餐饮服务的发展历程和发展趋势。

航空餐饮服务是指在航空运输这一特定环境中为旅客和机组人员所提供的食用品或饮用品,旨在满足旅客和机组人员在飞行途中的饮食需要。航空餐饮服务的发展历程可以追溯到20世纪早期,随着航空业的兴起,航空公司开始提供简单的食物和饮料来满足旅客的需求。然而,在飞机上提供高品质的膳食是一个巨大的挑战,需要克服飞行高度、压力和湿度的限制。

一、早期航空餐饮服务

航空餐食首次出现于1919年,由执行从伦敦到巴黎的航线任务的Handley-Page航班提供。《旅游+休闲》(Travel+Leisure)杂志曾于2017年对当时的可选菜品进行点评——通常包括冷炸鸡、水果沙拉和制作精美的三明治,这些菜品被盛放在柳条篮中,柳条篮下方则是当时最轻的陶瓷器皿。早期,航班上提供的航空餐食相对简单,这是因为安全性和舒适性是航空旅行在发展初期的首要考虑因素,而餐饮服务并不是重点。当时的航空餐饮服务通常仅提供简餐或小食,这些食品也大多为预包装食品,旅客可自行取用。

二、现代航空餐饮服务

随着航空业的发展和旅客数量的增加,航空公司开始重视航空餐饮服务,并逐步实现标准化。现代航空餐饮服务,无论是在餐食种类还是在服务质量上,都得到了显著的提升。航空公司开始与专业的餐饮服务提供商合作,为旅客提供更为丰富和美味的餐食。

(一)多样化与个性化

随着经济的发展和消费者需求的多样化,航空餐饮服务也开始向多样化与个性化转型。现代航空公司不仅可以提供更多种类的餐食,也开始考虑为有着不同需求的旅客提供个性化的餐饮服务,如提供素食、无麸质食品、儿童餐等。此外,现代航空公司也开始结合地域文化提供餐饮服务,让旅客在飞行途中体验到各地的特色美食。

(二)健康与环保

随着社会公众的健康与环保意识的提高,现代航空公司在提供餐饮服务时,也渐渐将健康与环保因素纳入考虑范围,表现为为旅客提供更为健康的食品,如低脂、低糖、高蛋白的食品,注重环保,如减少食物浪费、使用可回收的餐具等。

拓展阅读

全国生态日：海南航空"碳"寻绿色发展之路

2023年8月15日，我国迎来首个全国生态日，活动主题是"绿水青山就是金山银山"。作为中国民航业首家获得能源管理体系认证的航空企业，海南航空始终秉承"保卫蓝天，绿色发展"的环保理念，将节能降碳工作融入企业战略规划、日常管理和航班运行的每一个环节，充分发挥自身资源优势，不断"碳"寻绿色可持续发展之路，从"绿芯""绿途"及"绿标"三个方面推动绿色航空企业建设。

在"绿芯"方面，海南航空坚持中国智造、自主创新，自主研发出第四代发动机清洗设备，减排效果比传统设备提高67%；自主研发飞机表面洁净智能机器人，可节约水资源50%以上。海南航空积极打造空中"绿途"，长期开展"绿途·碳抵消"公益项目，将旅客捐赠的积分和资金用于种植"碳汇林"，修复退化红树林约50亩[①]；推出"餐食兑换积分"服务，鼓励旅客按需用餐，用实际行动减少机上的餐食浪费，2023年上半年累计节约2.62万份餐食，为旅客兑换了771.49万积分；2020年9月正式启动"禁塑"航班，成为全国首家执行"禁塑"航线的航司，客舱内采用一次性环保餐具包、餐盒、纸杯、杯盖、搅拌棒、毛毯袋、手提袋等机上用品，2023年上半年累计使用2980.44万个（套）一次性环保用品，积极引领低碳文化，倡导绿色出行，不断提高旅客的绿色出行意识。同时，海南航空积极参与绿色航空标准制定，辅助行业应用标准化，与行业共同发展。2021年海南航空参编《民用机场替代飞机APU地面设备操作规范》（T/CCAATB 0009—2021），并在实践中以可持续发展理念为核心，成为行业绿色发展的践行者。

据了解，海南航空自2008年起将节能减排工作提升到公司战略高度，成立节能减排小组，引进国际航空运输协会（IATA）的燃油效率差距分析项目，开展落地剩油、APU时间管控、航路优化、发动机水洗等30多个节能降碳项目，创造了多个"首家"，如国内首家开展生物航油载客飞行的航司、中国民航中首次开展生物航煤载客跨洋飞行的航司、国内首家执行"禁塑"航线的航司等。海南航空曾荣获"2020年度全球能源管理领导奖——能源管理洞察力奖"、中国"气候领袖企业"称号等殊荣。2023年1月至今，海南航空持续开展的30多个节能减排项目累计节省燃油4.62万吨，相当于减少二氧化碳排放约14.55万吨。海南航空自2008年开展节能减排工作以来，累计节省燃油78.67万吨，相当于减少二氧化碳排放247.82万吨。

（资料来源：黄增燕，《全国生态日：海南航空"碳"寻绿色发展之路》，民航资源网，http://news.carnoc.com/list/608/608429.html，2023年8月15日。）

三、对航空餐饮服务发展的展望及建议

随着航空业的不断发展，航空餐饮服务作为旅客飞行体验的重要组成部分，也在不断地创新和变革。

---

① 1亩≈667平方米。

（一）展望

1 技术创新与数字化转型

随着科技的发展，航空餐饮服务也开始进行技术创新与数字化转型。主要体现在三个方面：一是餐具和食品包装的环保化，减少一次性塑料的使用，降低对环境的影响；减少与航空餐饮相关的碳排放；选用绿色、有机的食材，减少食物浪费。二是餐饮生产过程的智能化，运用现代食品加工技术，提高餐饮的品质和口感。值得一提的是，航空公司还可以探索无人机、3D打印等新技术在航空餐饮领域的应用，为旅客提供更加便捷、个性化的服务。例如，利用机器人技术提供自动化餐饮服务，提高服务效率和顾客满意度。三是通过数字化技术对旅客的饮食习惯和口味偏好进行分析，提供更加精准的个性化餐饮服务，继续探索可持续发展的航空餐食，如素食、低碳食品等，以实现绿色飞行。

2 服务全球化，体现区域特色

现代航空餐饮服务不仅能够满足旅客的基本饮食需求，更是朝着全球化并能体现区域特色的方向发展，如许多航空公司开始在世界各地的机场设立特色餐厅，为旅客提供当地的特色美食。这种发展趋势不仅丰富了航空餐饮的多样性，也让旅客能够在旅途中体验各地特色的餐饮文化。

3 持续提高餐饮质量与服务水平

在竞争激烈的航空餐饮市场中，持续提高餐饮质量与服务水平是航空公司保持竞争力的关键。航空公司可以通过不断改进食材选择、烹饪技术和服务流程，来提高航空餐饮的质量和口感。同时，航空公司也应注重提高服务水平，为旅客提供更为贴心和个性化的服务。

（二）建议

（1）提高航空餐饮服务质量，关注旅客需求的多样化，提升旅客的满意度。

（2）加大航空餐饮创新力度，引入新技术，提升餐饮品质，提高服务水平。

（3）关注环保政策，积极响应政府号召，实现航空餐饮的可持续发展。

（4）加强与其他航空公司之间的合作，共享优质餐饮资源，降低运营成本。

（5）深入挖掘地域特色美食，丰富航空餐饮文化，提升旅客体验。

未来，航空餐饮服务的发展将继续受到科技、消费者需求和市场环境等方面的影响。随着健康、环保意识的增强和个性化需求的持续增长，航空公司在提供餐饮服务时，将更加注重健康、环保和个性化。同时，随着数字化和自动化技术的进一步发展，航空餐饮服务的效率和品质也将得到进一步提升。航空公司在提供餐饮服务时，也将继续深化全球化发展，并融合区域特色，为旅客带来更为丰富和多元的餐饮体验。

总之，航空餐饮服务在不断地改进和创新，从提供简单的餐食到提供豪华套餐，从提供满足基本需求的服务到提供高品质、个性化的服务。航空公司餐饮服务不仅满足了旅客对食物的需求，也成为航空公司之间竞争的一项重要亮点。

■ 知识活页

中国航空餐饮服务的特点和发展趋势

中国航空餐饮服务是中国航空服务的重要组成部分,也是影响航空公司差异化竞争的关键因素之一。中国航空餐饮服务的特点和发展趋势如下:

1. 特点

(1) 多样化:针对旅客的口味等方面的需求的不同,航空公司设计了更加多样化的餐饮服务,既提供中餐、西餐等各类餐食,还提供定制餐饮服务,以满足不同旅客的需求。

(2) 健康环保:随着健康、环保理念的普及,航空公司越来越注重提供健康、环保的餐饮服务,如提供低脂、低糖、高纤维的餐食,使用环保餐具等。

(3) 特色化:航空公司越来越注重提供具有地方特色的餐饮服务,如提供川菜、粤菜、本帮菜等,让旅客即使在万米高空也能品尝到地方美食。

(4) 智能化:随着智能化技术的发展,航空公司开始引入智能化餐饮管理系统,如自助点餐、智能配餐等,以提高餐饮服务的效率和旅客的满意度。

(5) 品牌化:航空公司越来越注重打造自己的餐饮品牌,如厦门航空的"天际厨房"、四川航空的"云端美食"等,通过餐饮品牌化提升旅客对航空公司的认知度和忠诚度。

2. 发展趋势

中国航空餐饮服务正在向多样化、健康环保、特色化、智能化和品牌化的方向发展,以不断提升旅客的飞行体验。

■ 慎思笃行

C919飞机餐竟然是这些?

终于等到这一天!2023年5月28日,这是中国民航史上一个值得纪念的日子,也是一个值得所有中国人记住的日子。国产大型客机C919从上海虹桥飞抵北京首都国际机场,首航成功。

国产大型客机C919有哪些特别设计呢?今天执行商业首飞的C919飞机为164座两舱[①]布局,机身前部印有"全球首架"的"中国印"标识和对应英文。

C919飞机的注册号为"B-919A",其中,"B"代表飞机的生产国——中国,"919"和飞机型号名称相呼应,"A"则有"首架"之意。机舱内选用完全自主研发的新一代国产客舱座椅,其中,8个公务舱座椅采用摇篮式设计,后靠可达120度,前后座椅间距超过1米;156个经济舱座椅设计采用"3-3"布局,中间座位比两边座位宽1.5厘米,加上客舱拥有2.25米的过道高度,旅客能感受到舒适的顶部空间和前方视觉空间。C919飞机的客舱还选装了20个12英寸显示器,支持1080P(全高清)电影放映。

---

①两舱是指头等舱和商务舱/公务舱。

C919飞机的航空餐食有多丰富呢?本次航班上将会有旅客投票选出的主题餐食亮相,经济舱的这款名为"五福临门"的餐食的主食是腊味煲仔饭,搭配三色水果拼盘、C919飞机首航特色芒果布丁、巧克力酥饼、牛奶。

C919飞机是国家的骄傲,它的首航成功标志着从今天开始,中国的蓝天上有了自己的大客机!

(资料来源:《C919飞机餐竟然是这些?各大国际航空餐食大赏》,CATTI中心微信公众号,2023年5月30日。)

启发:

C919飞机商业首飞承载着对于我国高端制造业乘势跃升的期待,其首航成功彰显了中国科技、中国实力、中国担当,是中国自力更生路上的"里程碑",既标志着我国航空制造业取得了重大历史性突破,也标志着我国在创新驱动、产业升级上取得的时代性成果。C919飞机是一个强大的"新引擎",必将激励更多的中国青年,在中国制造、中国创造的新征程上勇立潮头,跑出科技强国的"加速度"。

 任务二　我国航空餐饮产品与服务存在的问题

任务描述

我国航空公司虽然在餐饮产品与服务方面取得了一定的发展成果,但仍存在需要改进的地方,本任务主要围绕我国航空餐饮产品与服务存在的问题进行讲解。

任务目标

了解我国航空餐饮产品与服务存在的问题,掌握航空餐饮的服务理念。

随着我国航空运输业的快速发展,航空餐饮服务作为航空服务的重要组成部分,一直受到广泛关注。尽管我国航空餐饮服务在多样化、健康环保、特色化、智能化、品牌化等方面取得了显著的进步,但其在发展中仍然面临着一些问题和挑战。这些问题和挑战不仅会影响旅客的飞行体验,也会对航空公司的经营效益产生一定的影响。

一、产品同质化严重

目前,我国航空公司的餐饮产品普遍存在同质化严重的问题,大部分航空公司之间的餐饮产品都大同小异,缺乏特色和创新。旅客在选择航空公司时,主要考虑机票价格和出行时间,很少因为航空餐饮产品而做出决策。同质化的航空餐饮产品不仅影响了旅客的满意度,也影响了航空公司之间的差异化竞争。航空公司需要在了解和分析旅客需求上加大力度,从而为旅客提供更加精准的个性化餐饮服务。

二、服务水平不高

航空餐饮服务是航空服务的重要组成部分,服务水平的高低直接影响旅客的满意度和忠诚度。然而,当前我国航空公司的餐饮服务水平普遍不高,存在空中乘务人员态度不好、送餐不及时、饮料与餐食搭配不合理等问题。这不仅会影响旅客的用餐体验,也会给航空公司带来不必要的投诉和纠纷。

三、食品安全问题频发

食品安全是航空餐饮服务的底线,近年来我国部分航空公司被曝出存在食品安全问题,餐食中混入异物、餐食过期、餐食细菌超标等问题时有发生。这些问题不仅会损害旅客的身体健康,也会严重影响涉事航空公司的声誉和经营效益。餐饮服务的食品安全与航空公司的餐饮供应链管理、烹饪技术以及服务质量密切相关。因此,航空公司需要加强对餐饮供应链的监管,提高烹饪技术,提升餐饮服务的质量,以确保餐食卫生。

四、缺乏有效的管理机制

当前我国部分航空公司在航空餐饮服务方面缺乏有效的管理机制,如一些航空公司对餐食采购和配送等环节缺乏严格的监管,导致食品安全问题频发,一些航空公司缺乏对空中乘务人员的有效培训和管理,导致其餐饮服务水平不高,这些问题制约了这些航空公司餐饮服务水平的提高。

五、航空餐饮服务的智能化水平仍有待提高

目前,虽然部分航空公司已引入自助点餐、智能配餐等智能化餐饮管理系统,但整体上,我国航空餐饮服务的智能化水平仍较低。因此,航空公司需要进一步加大对新技术的引进和应用,以提高航空餐饮服务的智能化水平。

综上所述,我国航空公司尽管在餐饮服务方面取得了一定的成果,但仍需对上述问题加以改进,以提升航空餐饮服务的质量和旅客满意度,进而增强竞争力。

慎思笃行

航食变革的缩影:"面"里弄乾坤

任务三　空中乘务人员职业素养

 任务描述

本任务主要介绍空中乘务人员应具备的职业素养,包括职业素质和个人修养。

 任务目标

通过综合职业能力训练和全方位素质培养,掌握从事空中乘务服务的基本技能,成为能够为空中乘务发展做出贡献的实用型人才。

空中乘务服务相对比较特殊,对空中乘务人员的心理素质有着较高的要求。高质量的客舱服务不仅能满足旅客的需求,也是航空公司向外界展示自己的一个窗口。在激烈的航空市场竞争中,提升空中乘务人员的职业素养成为提升航空服务水平的重要方面,对于提高航空公司的核心竞争力具有非常重要的意义。

一、职业素养的概念

职业素养包含职业素质和个人修养两个方面,综合体现了劳动者对所从事职业的了解程度及劳动者自身的适应能力,包括职业能力、职业兴趣、职业情况,以及个性特征、心理状态等方面。

二、空中乘务人员职业素养的重要性

空中乘务人员只有具备良好的职业素养,才能正确面对工作压力,才能积极进行心理调整,才能时刻以积极主动的态度投入工作。

一方面,空中乘务人员具备良好的职业素养有利于提高旅客的满意度。满足旅客需求是航空公司一切经营和营销活动的出发点和落脚点。提供优质的服务是降低旅客流失率和赢得更多新旅客的有效途径。从航空服务的整体层面来说,具备良好职业素养的空中乘务人员更能主动回应旅客的各种个性化服务要求,做到充分利用各种服务资源,尽可能全方位满足旅客的需求。

在竞争高度激烈的行业中,顾客对企业的满意度的变化会对顾客对企业的忠诚度产生较大影响,满意度的轻微降低可能会导致忠诚度的急剧下降。要想培育并提升顾客的忠诚度,企业必须尽力提供最好的服务,使顾客获得非常满意的体验。航空企业可以通过提高

空中乘务人员的职业素养,为旅客提供优质的服务,从而使旅客对航空公司品牌的信任度和忠诚度大大提升。如果旅客对航空服务的感知水平符合或高于其预期水平,则旅客会获得较高的满意度,认可该航空公司具有较高的服务质量,从而对该航空公司产生更高的忠诚度。

另一方面,空中乘务人员具备良好的职业素养有利于提高航空公司的市场竞争力。随着我国航空公司的发展以及公路、铁路网络的完善,各个航空公司对客源的争夺日益激烈。在激烈的航空市场竞争中,在飞机机型及其生产企业方面具有同一性的航空公司的飞机客舱的硬件容易被竞争对手模仿,进而使得相关航空公司只能通过改进客舱的软件,如服务质量等,来提升知名度。

只有具备良好的职业素养,才能做好服务工作。可以说,空中乘务人员的一切举动,包括蹲、坐、走、站,以及对旅客的服务方式和态度等,都直接影响着所属航空公司的声望。具备一定的职业素养,并在客舱中按照规范程序提供服务,是航空公司对空中乘务人员的基本要求。空中乘务人员在客舱服务各个环节的行为都会显示出其职业素养,空中乘务人员的职业素养也决定着空中乘务人员提供的服务质量的高低。因此,空中乘务人员的职业素养对航空公司提高知名度、占领市场起着至关重要的作用。

三、空中乘务人员应具备的职业素养

(一)专业能力

空中乘务人员的工作职责是保证客舱安全,提供优质服务。要想做到这两点,空中乘务人员就必须具备较强的专业能力。空中乘务人员应掌握急救基本方法,逃生基本技能,飞机上设备的正常操作知识和技能,地理、气象、餐饮、礼仪、心理学等方面的知识。

在执行航班任务的过程中,空中乘务人员应具备的专业能力具体包括:登机时,引导旅客就座,并核对旅客人数;为旅客发放机上报纸、杂志等;保持卫生间整洁;给旅客提供饮料和食品;在旅途中观察旅客动态和需要,主动了解情况,及时给予回应等。空中乘务人员要能够在飞机起飞、落地、出现颠簸及其他必要的情况下,按规定进行客舱安全检查,排除安全隐患;帮助旅客管理随身携带的物品,保证客舱行李安全放置、应急通道畅通;保证旅客的旅途舒适安全。此外,在旅客身体不适甚至失去自理能力的情况下,空中乘务人员应能提供必要的救护;面对危重病人、急需医疗帮助的旅客,空中乘务人员应能够运用专业的医学急救知识提供相应的救助;面对不遵守规定或情绪失控的旅客,空中乘务人员应能够采取必要的措施,维持秩序,保证客舱其他旅客的安全。

(二)服务礼仪

航空公司对空中乘务人员的工作提出了基本要求,即按照民航服务的内容、规范和要求,为旅客提供相关服务。这一基本要求体现了空中乘务人员工作的服务特性。优秀的空中乘务人员应能注意到旅客的细微感受,察觉旅客的潜在需求,能够主动与旅客沟通并影响旅客,满足旅客的需要,为旅客提供满意的服务。

航空服务礼仪是指执行飞行任务的空中乘务人员在为旅客提供服务时应遵守的行为规范,是空中乘务人员应具备的基本职业素养。航空服务礼仪贯穿空中乘务人员在客舱中为旅客提供服务的各个环节,从迎接旅客登机、用语言或手势与旅客进行简短沟通,到为旅客发放餐食、饮料,再到为有特殊需求的旅客或特殊旅客提供个别服务或特殊服务,有着一整套的服务行为规范。例如,空中乘务人员在与旅客交谈时,应精神饱满、自然大方;空中乘务人员应能够回答旅客感兴趣的问题,如与航空有关的话题、飞机的高度、航班飞过的航线地标、飞行中需注意的问题等,并做到表述准确、表意完整、语调轻柔、语速适中,等等。

(三) 职业道德

勤奋工作、爱岗敬业是每一个职业基本的道德规范。爱岗敬业、奉献社会、遵纪守法、依法办事、实事求是、客观公正、做好服务工作等,这些是空中乘务人员职业道德的最根本的要求。空中乘务人员应具备良好的职业道德,热爱本职工作,全心全意为旅客服务,满足旅客的需要。乘务工作既是服务工作,更是安全工作,既关系到航空公司服务水平的高低,更关系到旅客生命和国家财产的安全,责任重大,空中乘务人员必须高度遵循职业道德规范,认真对待每一个细节问题,可以说,职业道德是一名优秀空中乘务人员应该具备的最基本条件。树立遵纪守法意识是空中乘务人员职业纪律的基本要求。空中乘务人员应具有较高的法律意识,以保障旅客的生命财产安全,进而提高航空公司的经济效益和社会效益。具有守法的自觉性的基础是具有道德,这就要求空中乘务人员首先要培养自身的道德修养,做到维护并践行法律法规。例如,在飞行途中,空中乘务人员不仅要做好旅客的安全宣传教育工作,还要时刻注意旅客的人身安全,在旅客遇到危险的时候,要立场坚定,见义勇为。

(四) 心理素质

作为空中乘务人员,在复杂的工作环境中,要想圆满、出色地完成工作任务,就需要具备优秀的心理素质。心理素质是指非智力因素的心理状态,即起动力作用的人脑机能,是人们对自己的思想、言行带有指向支配作用的动机、志趣、意志、气质、情绪、性格等方面的素质与修养。随着民航业的快速发展、服务要求的多样化,空中乘务人员面临更严格的岗位要求,这也成为空中乘务人员的工作压力来源。具备良好心理素质的空中乘务人员能对负面情绪及压力的原因有更透彻、更积极的理解,能改变被负面情绪控制的无力状态,进而提升对工作的积极性,正面、积极地对待工作,更自信地处理工作问题,以及有效地引导他人的情绪。空中乘务人员只有具备好的心理素质,才能在各种环境中保持良好的心理状态,才能应对不同类型的旅客。同时,空中乘务人员在工作、生活中受到委屈时,要学会自我消化,犯错后要认真总结,查找自身做得不足的地方并及时调整、改进,不要被负面情绪所左右,每一天都应以平和的心态投入工作。

慎思笃行

空乘人员歧视非英语旅客?
国泰航空:将严肃调查处理

项目小结

　　本项目主要介绍了航空餐饮服务的发展历程、我国航空餐饮产品与服务存在的问题、空中乘务人员应具备的职业素养。学生通过本项目的学习,能够掌握航空餐饮的基本理论知识以及相应的服务技能,提高服务水平,培养一丝不苟的工作作风,形成主动、热情的服务理念。

项目训练

线上答题

项目一

简答题

1. 简述航空餐饮服务的发展趋势。
2. 空中乘务人员应具备哪些职业素养?

项目二　航空营养配餐与卫生安全

项目描述

本项目详细介绍了食品营养的基础知识、机上餐食的营养搭配和卫生安全常识。

项目目标

○ 知识目标

(1) 了解食品营养的基础知识。

(2) 熟悉航空配餐的营养知识。

(3) 了解搭配航空营养餐食时需要注意的问题。

(4) 掌握航空营养配餐的卫生安全知识。

○ 能力目标

(1) 能够根据所学知识向旅客推荐餐食，帮助旅客搭配餐食。

(2) 能够更好地向旅客提供餐饮服务。

(3) 能够根据所学知识处理机上食物中毒等突发情况。

○ 素养目标

(1) 培养求真务实、心系旅客健康的意识。

(2) 培养良好的职业道德素养和社会责任感，拓宽国际视野。

知识导图

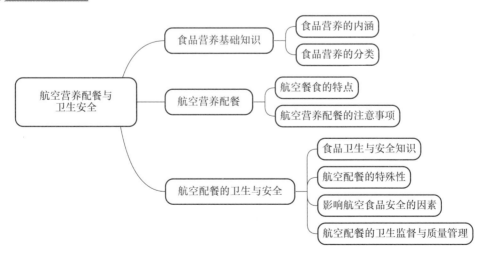

项目引入

走进天津航空,为您揭秘航空配餐安全

"民以食为天,食以安为先。"食品安全是人民生活的根本、国家稳定的基础、社会发展的前提。随着民用航空运输的发展,航空食品的需求越来越大。相比于其他食品业,航空食品的特殊性使得航空配餐安全的重要性显得更为突出。天津航空围绕"最好的陪伴,是让您每一餐都吃得安全"理念,追随党和国家的号召,严格贯彻、执行《食品安全国家标准 航空食品卫生规范》(GB 31641—2016),努力让每位旅客吃得安全、吃得健康、吃得放心。

那么,一份看似简单的航空餐是如何制作出来的呢?下面为您揭晓"天津航空机上餐食诞生记"——四大环节、十道工序成就一道飞机餐。

一、洁净生产,全程安全

工作人员着装标准:工作人员在进入生产车间前,须进行安检、消毒,鞋套、白大褂、口罩、头套为着装标配。"全副武装"后,工作人员还要通过风淋门(风淋除尘设备会吹掉工作人员身上的灰尘、皮屑),才能进入生产车间。

二、洗去危害,留住健康

原材料清洗消毒:所有食材均在专业的洗菜机中进行清洗消毒,并且严格把控消毒浓度。在这个环节,工作人员会对原材料进行初加工,做到生熟隔离,专业且精细。

三、精确控制,奉上美味

热加工:工作人员会用探针温度计对每个批次食品的中心温度进行测量,并采用可靠的热加工工艺对食品进行熟化杀菌处理,在保证食品安全的同时,打造最佳口感。

速冷处理:食品在经过热加工后,会进行速冷处理,冷却速率要求在6小时以内将食品的中心温度降至5℃以下。

食品分装:这一环节在清洁的专间进行,且严格控制分装时间。当操作间环境温度高于21℃时,食品从出冷藏库,到操作完毕、入冷藏库的时间控制在45分钟以内。

四、严守标准,精心储存

食品出库:依据国家相关食品安全标准,采用随机抽样的方法对外购即食食品进行感官检验、微生物检验或其他指标的检验,不合格者不得配送装机。

食品运输:提供完善的储存与运输保障,记录生产时间及表面温度,运输环境温度控制在10℃以内,以防食物变质。食品会在机上进行二次加热后呈给旅客。

在确保食品安全的同时,天津航空也一直致力于差异化服务的精细化,近期还在西安和广州出港航线推出了机上售卖地方特色冷链餐食,包括由凉皮、肉夹馍和冰峰汽水组成的西安特色"三秦套餐"、粤式美味葱姜白切鸡拼老娘叉烧饭和炒牛河,努力为不同的旅客提供丰富多样的选择和高品质的服务,提高餐食呈现水平。

天津航空将以切实行动确保航空食品安全,不断创新民航餐食服务,推出更多的健康特色餐食供旅客选择,让旅客吃得安全、吃得健康、吃得放心。

（资料来源：付瑶，《走进天航 为您揭秘航空配餐安全（组图）》，中国民航网，2019年4月25日。）

慎思笃行

航空配餐安全控制体系，让旅客吃得安心

任务一　食品营养基础知识

任务描述

本任务对食品营养基础知识进行了较为全面的介绍，包括食品中的基本营养素、营养价值，食品营养的分类，以及均衡饮食结构等。

任务目标

熟悉各类食物的能量、营养素、营养价值，了解食品营养学基本理论，能对营养与健康的关系以及公共营养等方面的知识形成清晰的认知。

食品是指各种供人食用或者饮用的成品和原料，以及传统意义上既是食品又是药品的物品，但是不包括以治疗为目的的物品。食品是人体获得所需热能和营养素的主要来源。食品营养（Food Nutrition）是对人体从食品中所能获得的热能和营养素的总称。

一、食品营养的内涵

国民营养的来源，按营养物质的性质可分为生鲜食品（农产品）、烹饪食品和加工食品。

生鲜食品（农产品）即通过种植和养殖获得的产品。而要想获得营养丰富的生鲜食品，生产者需要掌握科学的种植生产与管理、养殖生产与管理，以及收获、运输和储藏保鲜等方面的知识和技能。

烹饪食品以生鲜食品为原料，通过烹煮获得，而要想获得营养丰富的烹饪食品，烹饪者需要掌握原辅料特性、调味和烹饪操作、营养搭配与科学配餐、营养调查与质量评价，以及卫生安全管理等方面的知识和技能。

加工食品以生鲜食品为原料,利用机械设备进行加工生产获得。而要想获得营养丰富的加工食品,加工生产者需要掌握食品原料特性、食品加工工艺设计、设备操作技术、产品质量控制、产品检验,以及产品包装、储藏等方面的知识和技能。

二、食品营养的分类[①]

按食品对人体的营养价值,我们可将其分为以下八类。

(一)谷类食品

谷类食品主要包括稻米、面粉、玉米、小米、高粱等,占中国人热能来源的70%左右。谷类含6%—10%的蛋白质,但生物利用率较低;谷类含70%—80%的碳水化合物,主要是淀粉,消化率很高;谷类含一定量的膳食纤维;谷类含一定量的磷、钙、铁等无机盐类,生物利用率低;谷类中维生素B1和烟酸的含量较高,但必须经加碱处理才能被人体利用;谷类中维生素B2的含量少。其中,玉米、小米还含有少量胡萝卜素。谷类种子若碾磨过细,会损失较多的维生素和无机盐,糙米的出米率以92%—95%为宜,小麦的出粉率以81%—85%为宜。过分洗米、弃米汤、不恰当加碱等,会损失米的营养素。

(二)豆类食品

豆类食品是指豆科作物的种子及其制品,也包括其他油料作物。大豆中蛋白质的含量为35%—40%,大豆蛋白质为营养价值较高的优质蛋白质,其中赖氨酸含量较多,因此,大豆是满足人体各类蛋白营养需求的理想食品。大豆中的油脂含量为17%—20%,其中人体必需脂肪酸——亚油酸的含量约50%,是任何其他油脂所不能比拟的。大豆中的碳水化合物含量约30%,其中人体无法利用的占一半,所以在考虑大豆的营养价值时,碳水化合物含量应折半计算。大豆中还含有钙、铁、锌、维生素B1、维生素B2和烟酸。大豆中也含有抗营养素,对人体会产生不良的生理作用,但经适当处理(如湿热、发酵、发芽等)后可基本消除。大豆加工成豆制品后,消化率可由原来的60%提高到90%左右。

其他豆类,如小豆、绿豆、花生、葵籽等,其营养素含量与大豆相似,但这些豆类的蛋白质营养价值稍低。

(三)蔬菜、水果

蔬菜、水果是人体所需的胡萝卜素、维生素C、钙、铁、钾、钠等元素的重要来源。蔬菜、水果中所含的膳食纤维、有机酸、芳香物质等有益于增进食欲、促进消化。

蔬菜中,叶菜类蔬菜,如花椰菜、甘蓝等,含有较多维生素C。蔬菜代谢旺盛的部分,如嫩叶、幼芽和花部,维生素C含量较多。水果中,柑橘、山楂、鲜枣、猕猴桃等的维生素C含

[①] 崔慧玲.食品营养[M].北京:化学工业出版社,2020.

量较高。呈深绿或黄红色的蔬菜(如苋菜、韭菜、胡萝卜、甘薯等)和水果(如芒果、杏等)含有较多胡萝卜素。

需要注意的是,蔬菜、水果常因加工或烹饪方式不当,如切洗流失、受热氧化、金属离子触媒破坏等,而损失营养素;一些野菜、野果中往往含丰富的维生素和无机盐类,是大有开发利用价值的食物资源;蔬菜中的某些人们习惯性废弃的部分其实含有较多的营养素,如萝卜缨中含有较多的钙、胡萝卜素,芹菜叶中含有较多的维生素B1、维生素B2、维生素C等,应加以充分利用。

(四)畜禽肉类食品

畜禽肉类食品中含有优质蛋白质和部分脂肪,其无机盐含量不多但易被人体吸收利用,其同时也是人体所需的维生素A和维生素B2的重要来源。猪肉中的蛋白质含量较低,含有较多饱和脂肪酸,对人体健康不利。鸡肉或草食动物的肉的蛋白质含量较高,因此营养学家、畜牧学家以及食品生产经营部门均建议可以多食用鸡肉。

(五)鱼类等水产食品

鱼类等水产食品在蛋白质营养价值方面可与畜禽肉类食品媲美。

鱼类等水产食品所含脂肪中的70%—80%为不饱和脂肪酸,胆固醇含量较低,因此优于畜禽肉类食品所含的脂肪。

鱼类等水产食品中无机盐和铁、钙等微量元素的含量比畜禽肉类高几倍甚至十几倍,并含有丰富的碘和较多的维生素B2、烟酸。鱼肝富含维生素A和维生素D。

鱼类以外的海产动物的营养价值与鱼类相似。海产植物(如海带、紫菜等)中含有10%—30%的蛋白质,以及含量较高的钙、铁、碘和维生素。海产品中的砷大多为低毒性的有机砷。有的海产品含较多粗纤维,会影响消化。

(六)蛋类食品

蛋类,如鸡蛋、鸭蛋、鹅蛋的化学组成基本相似。鲜蛋中蛋白质含量为13%—15%,其营养价值极高,为营养学实验研究中的理想蛋白质。鲜蛋中还含有较多维生素A、维生素D和维生素B2。此外,鲜蛋中含有抗生物素蛋白和抗胰蛋白酶,且易受微生物污染,故不宜生食。蛋白的烹调方式对蛋白营养价值的影响不大。

(七)奶类食品

人奶和各种动物奶对各自初生子代而言,具有极高的营养价值,而对于异己子代而言,营养价值较低。因此,婴儿建议用母乳喂养。若用牛奶喂养婴儿,应参考人奶的组成调整其营养成分,包括加水稀释酪蛋白,补充乳(蔗)糖、维生素A和维生素D等。牛奶中含有较多蛋白质和钙,也是维生素A、维生素B2的良好来源,但铁元素含量低。人体若不补铁,易引起缺铁性贫血。奶粉和炼乳的营养成分与鲜牛奶基本相同。

（八）加工食品

加工食品包括罐头、食用油脂、酒类、饮料、调味品、糖果、糕点等，其营养价值主要取决于其原料组成，在人类营养素来源方面不占重要位置。

拓展阅读

舌尖上的健康：
飞机餐

任务二　航空营养配餐

任务描述

本任务主要介绍航空餐食的特点和营养搭配、航空营养配餐的注意事项及具体流程。

任务目标

熟悉航空餐食的营养搭配原则，了解航空营养配餐的注意事项，能对航空营养配餐流程有清晰的认识，并且能够在服务过程中灵活应用。

正所谓"民以食为天"，从人类发展史来看，膳食是人类生存和繁衍的物质基础。随着人们生活水平的提高和营养学研究的深入，人们不再满足于吃饱、吃好，健康营养正逐渐成为人们餐饮消费时的关注重点，即饮食观念从"吃什么好"转变为"怎么吃好"。

不仅老百姓对居家饮食的营养搭配有需求，各行各业的餐饮消费也会对合理膳食和营养方面进行考量，航空配餐也不例外。航空配餐是指为机上旅客及机组人员提供食品。在航空旅行中，空中乘务人员（以下简称乘务员）会在饭点为旅客提供正餐，在非饭点可以提供便餐、点心餐、水果餐或小点餐。航空餐食的类别由航空公司制定，所提供的菜肴选择余地较小，一般的航空公司会配有两种餐食，即肉类或鱼类，主食是米饭或面条。航空餐食以份为单位，餐食组合包括冷荤、沙律、热食、点心、水果，其中，热食类基本上是主食和菜肴的合理配制。

近年来,全球航空配餐市场发展增速2%—3%,中国航空食品市场发展增速5%—6%。在如此乐观的发展前景下,航空食品的质量和安全保障,逐渐成为社会关注的重点。航空食品因其特殊性而被归入世界上极为复杂的生产运作系统行列。航空食品中生冷食品、高蛋白、高糖类食品较多,航空食品从生产加工到储存,直至被食用,整个过程运转周期较长,这些特点导致航空食品易腐烂。此外,航空旅行对餐具、茶具等的需求量大,这导致旅客感染传染病的概率大增。因此,航空公司不仅需对机上食品进行卫生监督,还须对餐具、茶具、毛巾等日用品进行卫生监督,切实从各个环节上保障航空餐食的安全。

一、航空餐食的特点

航空餐食是指在航空运输这一特定环境中为旅客和机组人员所提供的食用品或饮用品。从卫生角度讲,航空食品与普通食品一样,必须符合国家食品卫生法规和卫生标准;所不同的是,航空食品从生产加工到储存,直至被食用,整个过程运转周期长、工艺复杂,而且所有食品均在空中飞行时被机组人员或旅客食用。流动量大、分布广的特点使航空旅客成为流行病学中的易感人群,极易造成食源性疾病的暴发和传播,因此,依据HACCP体系、SQF 2000认证等对航空食品生产和服务的过程进行系统、有效的安全和质量管理十分必要。另外,航空食品的生产、储藏和运输将耗费大量的资源,产生的废水、废气和噪声也会对环境造成较大的影响,因此,须在组织中建立和实施相关环境管理体系。

二、航空营养配餐的注意事项

(一)保障食物营养均衡

航空旅行对旅客身体能量消耗较大,因此,航空公司在进行航空营养配餐时,要保证食物的营养均衡,包括提供足够的碳水化合物、脂肪和蛋白质,以满足旅客的能量需求,同时,还需要提供足够的维生素、矿物质和膳食纤维,以支持人体免疫系统,维持肠道健康,进而保持人体整体健康。

(二)保障食品安全

航空公司在进行航空营养配餐时,必须确保食品安全,避免造成人员食物中毒或感染其他食品相关疾病,应选用新鲜食材或熟食,确保食物储存和运输符合卫生标准,按照正确的食物加工和烹饪方法操作。

(三)考虑旅客饮食习惯和文化差异

航空旅客大多来自不同的地区,有着各样的文化背景,不同的旅客在饮食习惯和偏好方面可能存在差异。航空公司在进行航空营养配餐时,须考虑到这些差异,提供符合旅客需求的餐食选择。例如,考虑提供适合素食者、伊斯兰教徒或犹太教徒的餐食选项。

(四)考虑旅客特殊饮食要求

一些旅客可能会提出特殊的饮食要求,如对某些食品过敏、严格的素食、无麸质饮食或低盐饮食。航空公司在进行航空营养配餐时,要确保满足这些特殊饮食要求,提供个性化的服务,让旅客获得满意的餐食体验。

(五)考虑气压和湿度对食物的影响

在飞机上,气压和湿度较低,这可能会影响食物的口感和品质。航空公司在进行航空营养配餐时,要考虑这些影响因素,选择口感较好的食物,避免食物过干或变得无味。

(六)选择适宜的食物储存和加热方式

航空公司应正确储存航空食品,在食用前,还须进行加热,以确保航空食品的安全和口感。航空公司在进行航空营养配餐时,要选择适合航空环境的食物储存和加热方式,确保食物在储存和加热的过程中不会受到污染或变质。

(七)考虑餐食外观和包装

航空旅客通常对餐食的外观和包装有较高的期望,因此,航空公司在进行航空营养配餐时,须考虑餐食的外观诱人性和餐食包装的便利性。餐食应该有良好的色泽、质感和摆盘,同时,其包装要方便打开和食用。

(八)根据旅客反馈进行改进

航空公司在完成航空营养配餐后,需要通过旅客的反馈来评估餐食的质量和旅客对餐食的满意度。旅客的反馈可以帮助航空公司了解旅客对餐食的偏好和需求,从而不断改进配餐方案,提高旅客的满意度。

综上所述,航空公司在进行航空营养配餐时,需要注意营养均衡、食物质量、旅客饮食习惯和文化差异、旅客特殊饮食要求、气压和湿度的影响、食品储存和加热方式、餐食外观和包装、旅客反馈等方面的问题。通过合理的设计和周全的考虑,航空公司可以提供营养健康、符合旅客需求的航空营养餐食,为旅客提供愉快的飞行体验。航空营养配餐流程图见图2-2-1。

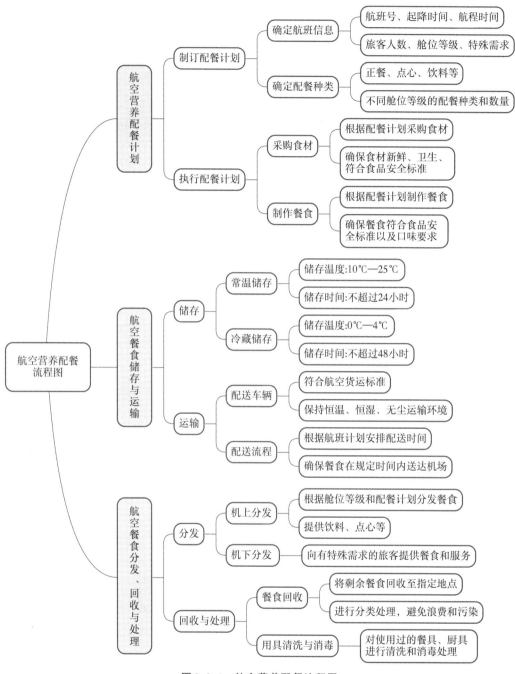

图 2-2-1　航空营养配餐流程图

■ 知识活页

探秘北京大兴国际机场配餐流程：一棵菜从田间到"登机"只要24小时

眼下，北京大兴国际机场正在经历通航以来的首次春运"大考"，预计春运期间进出港旅客达190万人次。面对如此大的客流，航空企业应如何保证配餐品质？腊月廿六，记者从位于大兴长子营镇的航食基地出发,目睹了一颗长于田间的蔬菜"登上"飞机的全过程。

一、生长——物联网全程监测

上午,记者走进航食基地生产区大棚,感受到温暖如春。拂去眼镜片上的轻雾,一垄垄圆生菜排列得十分整齐。记者忍不住蹲下来细细打量这些生机勃勃的菜——嫩绿的叶子,仿佛轻轻一碰就能出水。

50多岁的白少新,是当地有名的种菜"老把式",航食基地雇用了200多个像他一样的农民。告别"靠天吃饭"的日子,大伙儿摇身一变,成了"上班族",收入有了保障。可老白却说,自己是"学生党",每天都有新收获。

老白领记者往大棚深处走,脚步像年轻人一样轻快,边走边说道:"带您看看我的最大收获——物联网!菜能长得好,符合航空食品的标准,主要功劳归它。"

地垄中间,几台"其貌不扬"的白色设备,就是连接着物联网的监测仪器。老白说,它能全程监测蔬菜的生长状况,并将相关数据实时上传到北京农学院、农科院专家研发的数据库里,提前预防病虫害。

航食基地目前已成为中国东方航空的合作伙伴。合作方式是先签约,后种植,大棚里的30多种蔬菜,都是按照航空企业的需求种下的。除了圆生菜、油菜、莴苣等品种,还有罗勒、九层塔等北方菜地里罕见的品种,在温度自动控制的温室里,它们都生长得很茁壮。

除了自有大棚500亩,基地还向长子营的几个农业合作社输出了技术,扩大了生产规模。"到今年年底,就能生产80多种了。"老白身旁有一台播种机,它20分钟的工作量,可以等同于5人协作4小时完成的工作量。老白将一棵棵圆生菜采摘下来,装上小车,运送到了500米外的加工车间。

二、加工——四道全自动工序

占地7000平方米的现代化加工车间里,刚摘下的圆生菜"走上"传送带,犹如"过安检"一般,前后需经历四站,才能从"田间菜头"变成"航空菜丝"。别看程序相当复杂,但经过记者测算,整个过程用时不超过20分钟。

不仅圆生菜需要"过安检",这里上班的工人也需要"过安检":经消毒后进入风淋门,除去身上的灰尘、皮屑,之后还得"全副武装"地穿戴上鞋套、白大褂、口罩、头套后,才能进入操作间。

圆生菜的第一站:挑选。操作员李爽说,只有符合航空食品规格要求的圆生菜,才能拿到"机票",顺利进入下一环节——成为菜丝,而质地不够紧实、叶子上有病害的圆生菜则被淘汰。

圆生菜的第二站:切丝和清洗。全自动切丝设备能够按照航空企业的需求,将圆生菜切成不同规格的菜丝。

圆生菜的第三站:离心控水。在这一站,被切成菜丝的圆生菜"来到"清洗池里"好好泡个澡",洗去农残后,进行离心控水,高速旋转上千圈。这还没完,已经变身为"航空菜丝"的圆生菜,还有可能被抽选为样品进行长久保存,一旦这批蔬菜出现安全问题,它将被有关部门拿去化验。

圆生菜的最后一站:包装。"航空菜丝"被装进小型透明塑料袋中,整齐地码放到货车上,运往16千米外的北京大兴国际机场。

三、运输——冷链运输实时跟踪

下午6点,装有圆生菜、油菜、莴苣等20多种蔬菜,总重量1吨的冷藏式货车,从长子营发车至北京大兴国际机场。以圆生菜丝为例,货车到达机场后,圆生菜丝将被运往航空企业的冷库和再加工车间,与其他航食基地提供的肉类、面包一起被加工成三明治,或是经过厨师的烹饪,成为一道中餐。客流高峰来临时,这些餐食当天就能登上飞机,出现在旅客的餐桌上。

从长子营航食基地到北京大兴国际机场,虽然路程只有半小时,但为了保障食品安全,仍要做到万无一失。每一辆运输航空蔬菜的货车,都安装了定位系统,如果车辆在行驶时间、路程上出现偏差,系统就会自动向基地负责人"报警"。

事实上,这个系统投入使用几个月来,从未发生过一次报警情况。

"我的职责,就是保证将一车车蔬菜安全送到机场。"在司机小王看来,他所从事的职业不同于一般的运输,"也算间接服务北京大兴国际机场首个'春运'了"。司机小王说,每次发车前,基地管理员都要仔细核对发货单,而到了机场,收货员同样一丝不苟。

目前,长子营镇正重点打造航食特色小镇,规划布局13600亩航食种植基地,配备4条蔬菜加工生产线,年加工净菜可达3万吨。据了解,长子营已与中商农产品交易中心达成战略合作,并签约京农集团"现代农业4.0智慧温室项目",目前,占地63000平方米的智慧温室项目已建成,是北京市单体面积最大的智慧温室。

(资料来源:陈强,《探秘大兴机场配餐流程,一棵菜从田间到登机只要24小时》,北京日报客户端,2020年1月21日。)

任务三　航空配餐的卫生与安全

任务描述

本任务通过分析航空配餐的卫生与安全问题,让学生了解航空配餐的卫生与安全要求,掌握提高航空配餐卫生与安全水平的措施和方法。

任务目标

(1) 掌握食品卫生与安全的基础知识,了解食品污染以及食源性疾病的起因、传播途径和预防措施。

(2) 理解航空配餐的特殊性,了解航空餐食生产、加工、储存和运输过程中的卫生要求和安全标准。

(3) 分析航空配餐中可能出现的卫生与安全问题,掌握提高航空配餐卫生与安全水平的措施和方法。

（4）能够运用食品卫生与安全知识，对航空配餐进行卫生监督和质量管理，确保航空食品的安全和品质。

食品是指各种供人食用或者饮用的成品和原料，以及传统意义上既是食品又是药品的物品，但不包括以治疗为目的的物品。保障食品卫生与安全是航空配餐中至关重要的环节，关系到旅客的健康和飞行安全，这就要求相关人员必须掌握食品卫生与安全方面的基础知识。

一、食品卫生与安全知识

食品卫生是指为防止食品污染和有害因素危害人体健康而采取的综合措施。世界卫生组织将"食品卫生"定义为在食品的培育、生产、制造直至被人摄食的各个阶段中，为保证其安全性、有益性和完好性而采取的全部措施。

根据世界卫生组织的定义，食品安全（Food Safety）问题是指因食物中有毒、有害物质对人体健康产生影响进而引发的公共卫生问题。而食品安全指的是所有对人体健康造成急性或慢性损害的危险都不存在，它是一个绝对概念。通常我们所讲的食品安全主要是指食品中不含有害成分，吃了不会影响人体健康。谚语"病从口入"表明人们已发现食品安全问题会很大程度上影响人体的健康。不安全的成分包括：致病性微生物（如细菌、病毒等）及寄生虫、有害化学物（如重金属及其他环境污染物、农药及其他农用化学品等）、物理杂质（如砂石、尘土、金属等）、放射性物质等。

食品污染是指食品在生产、加工、储存、运输、销售等过程中受到致病性微生物、有害化学物或物理杂质的污染，导致食品质量下降或产生危害。食源性疾病是指通过食品摄入病原体或有毒物质而引起的疾病。了解食品污染以及食源性疾病的起因、传播途径和预防措施是确保食品安全的重要基础。

食品质量要求主要包括以下几个方面：①有营养价值；②有较好的色、香、味和外形；③无毒、无害，符合食品卫生质量要求。

世界各国和国际组织用各类食品安全标准对食品中的不安全成分加以限制，我国也出台了相关国家食品安全标准。对于为了便于食品加工与保藏而加入食品中的食品添加剂的使用，也有相关的标准对其加以限制。

二、航空配餐的特殊性

航空配餐是航空服务中不可或缺的一环，航空配餐的卫生与安全对于旅客的健康和飞行安全至关重要。为了确保航空配餐的卫生与安全，需要从多个方面入手，包括食品采购、生产加工、储存、运输和机上餐饮服务等环节。

(一)食品采购符合食品卫生标准和质量要求

食品采购是航空配餐的起点,必须保证采购的食品原材料符合食品卫生标准和质量要求。航空公司需对供应商进行严格的筛选和审核,确保其具有良好的信誉,能够提供保证质量的航空食品。同时,航空公司应对采购的食品原材料进行严格的检验和检测,确保其符合食品卫生标准和安全要求。

(二)食品生产加工、储存、运输严格遵守食品卫生要求

航空配餐的生产加工、储存、运输需要严格遵守食品卫生要求,包括:选用新鲜、高质量的食材,确保加工场所的清洁和卫生,加工过程严格遵守食品卫生规定和操作规程;在适宜的温度和湿度条件下储存食物,避免食品变质和细菌滋生;对加工好的食品进行严格的检验和检测,确保其符合食品卫生标准和安全要求;对餐具、食具、茶具等日用品进行卫生监督,确保食品不被污染;确保食品在配送过程中处于适宜的温度和湿度。

(三)提供营养均衡、满足旅客个性化需求的机上餐饮服务

乘务员在提供机上餐饮服务时,也应遵守食品卫生规定和操作规程,以确保食品的卫生和安全。因此,航空公司应对乘务员进行专业的培训,提高其卫生意识和安全意识,从而为旅客提供安全、健康的机上餐饮服务。

航空配餐需要考虑餐食的营养均衡和旅客的个性化需求,餐食中应含有足够的碳水化合物、脂肪和蛋白质以满足旅客的能量需求,应含有足够的维生素、矿物质和膳食纤维以支持免疫系统,保障肠道健康乃至人体整体健康。同时,航空公司还需要考虑旅客的饮食习惯、文化差异和特殊饮食要求等,为旅客提供个性化的服务,使旅客获得满意的餐食体验。

三、影响航空食品安全的因素

(一)影响航空食品安全的基本因素

目前航空食品供应存在的问题主要包括以下三个方面。

第一,航空食品结构复杂。飞机上供应的食品中生冷食品,高蛋白、高糖类食品较多,这些食品易腐败,存在一定的食品安全风险。

第二,航空食品加工、储存时间长。航空食品从生产加工、储存直至被食用,间隔一般为4—8小时。航空食品若储存不当,食用后易造成食物中毒。

第三,航空食品采购渠道多且杂。机上供应的食品中,主食和炒菜由航空公司自行加工,而其余食品及容器用具、包装材料大多从外部采购,并且采购点多,变化不定,存在一定的食品安全风险。

(二)影响航空食品安全的污染因素

1. 致病性微生物污染

致病性微生物污染包括细菌性污染、病毒和真菌及其毒素的污染。引起食源性疾病的微生物主要有沙门氏菌、致病性大肠埃希氏菌、单核细胞增生李斯特氏菌、霍乱弧菌等。这些致病性微生物主要存在于肉食、鸡蛋、大米等食物中。在机体免疫力较低的情况下,这些致病性微生物会引起以腹痛、腹泻、呕吐为主的急性消化系统疾病,甚至引起急性脑炎等恶性疾病。

2. 种植业和养殖业的源头污染

种植业和养殖业的源头污染同样会引发食物中毒的问题。我国有两三亿农户在从事种植业和养殖业,还有数百万计的中小型食品加工企业,13亿人口所食用的加工食品大部分都是由他们生产的。相关生产方的文化素质和法律意识参差不齐,因而存在源头污染的风险[①]。

3. 环境污染

环境污染主要包括大气污染和水体污染,如化工厂排放的煤烟粉尘、工业废水,以及居民产生的生活污水等,也会在一定程度上影响水产品和农产品的安全。过量施用氮肥会使大量的硝酸盐积蓄在农作物体内,对农作物本身无害,但对食用农作物的人畜有害。利用焦化厂废气生产的氨水的酚含量较高,会造成土壤的酚污染,使农产品的品质下降,存在异味。磷矿石中除了含磷,还含砷、镉、铬、氟、汞、铅等,长期使用也会造成污染。农药的过量和超范围使用,会使食品中农药残留量增多,人们若食用了这类食品,会对健康造成严重危害。

(三)食品添加剂(防腐剂)、新原料、新工艺等对食品安全的影响

动物性食物中的化学物质主要来自饲料添加剂。抗生素是畜禽养殖业中常用的饲料添加剂,若用量过多或使用不当,这些抗生素会通过食用肉、蛋、奶转移到人体内。

近年来,为刺激植物和畜禽生长而应用的激素类化学物质的种类逐渐增多,这些激素的残留物也会最终转移到人体内,食用后对儿童造成的危害会更为严重。

使用食品新工艺,如食品新型包装材料、大孔树脂吸附纯化、食品辐照等,也可能带来食品安全问题。目前,研究人员对这些新工艺的性质及其在食品加工中的利害作用还未全面了解和掌握,因此,使用这些食品新工艺可能带来新的食品安全问题。

四、航空配餐的卫生监督与质量管理

(一)卫生监督

对航空配餐进行卫生监督是确保航空食品安全的重要措施。卫生监督包括对生产加

[①] 相关数据的统计时间为2021年。

工、储存、运输等各个环节的监督和检查,以及对餐具、茶具等日用品的卫生监督。通过卫生监督,航空公司可以及时发现并纠正航空食品安全问题,确保航空食品的安全和品质。

首先,应加强对航空食品原材料采购环节的管理。航空公司和航空配餐公司应与供应商建立长期、稳定的合作关系,并对供应商进行严格的筛选和审核,确保其具有良好的信誉,能够提供保证质量的航空食品。同时,加强对航空食品原材料的检验和检测,确保其符合食品卫生标准和安全要求。对于不符合要求的航空食品原材料,应及时退货或销毁。

其次,应优化航空食品加工、储存环节。航空食品加工环节应严格遵守食品卫生规定和操作规程,确保航空食品加工过程符合食品卫生和质量要求。同时,加强对加工好的食品的检验和检测,确保其符合食品卫生标准和安全要求。在航空食品储存方面,应建立科学的储存管理制度,确保食品储存环境的温度和湿度适宜,避免食品变质和细菌滋生。

最后,应加强对航空食品运输和机上餐饮服务环节的管理。应确保航空食品运输环境的温度和湿度适宜,避免食品在运输过程中变质和细菌滋生。乘务员在提供机上餐饮服务时,应遵守卫生规定和操作规程,确保食品的卫生和安全。同时,航空公司应提高乘务员的卫生意识和安全意识,加强对乘务员的培训,确保为旅客提供安全、健康的机上餐饮服务。

(二)质量管理

一是对航空餐食进行质量管理。航空公司应制定并执行严格的航空餐食质量标准和质量控制程序,对航空餐食进行定期的质量检查和评估,及时处理和解决航空餐食的质量问题。通过质量管理,航空公司可以提高航空餐食的品质和竞争力,满足旅客的需求。

二是加强对航空配餐的监管和评估。政府及相关部门应加强对航空配餐的监管力度,制定和完善相关法规和标准,对航空配餐的卫生和安全进行定期检查和评估。对于存在问题的航空配餐公司,应进行处罚并要求其及时整改,确保航空配餐的卫生和安全。

三是推动航空配餐的科技创新和绿色发展。航空公司可以通过引入新技术、新设备和新工艺,提高航空配餐的生产效率和产品质量。同时,航空公司应积极推动航空配餐的绿色发展,采用环保、可持续的生产方式,减少对环境的影响和污染。

只有全面加强航空配餐的卫生管理和质量控制,推动航空配餐的科技创新和绿色发展,才能确保航空配餐的卫生与安全,从而为旅客提供安全、健康的航空配餐服务。航空公司和航空配餐公司也需要不断提高航空配餐的服务质量和水平,满足旅客的需求,提升航空餐饮服务的整体竞争力。

项目小结

本项目通过详细介绍食品营养基础知识,引导学生了解航空餐食的营养构成和配餐流程,体会保障食品安全对于航空配餐的重要性,并掌握具体实践方法。航空配餐的食品安全控制是一项复杂且重要的任务,需要行业内外共同努力和协作。我们相信,通过加强航空配餐的管理和技术创新,航空公司能够为旅客提供更加安全、可靠、优质的航空餐饮服务。

项目训练

线上答题

项目二

一、简答题

1. 航空配餐的注意事项有哪些?
2. 航空配餐的流程包括哪些?

二、填空题

1. 蔬菜水果主要提供(　　)和(　　)两类营养素。
2. 人体必需脂肪酸有α-亚麻酸和(　　)。
3. 成人能量消耗除了用于食物特殊动力作用,还用于(　　)活动与各种劳动。
4. 茶叶中的(　　)和大豆中的(　　)有预防肿瘤的作用。
5. 食物中的铁元素有(　　)、(　　)两种形式。
6. 机长和副机长一般不吃同样的食物,两人的用餐时间应间隔(　　)分钟。
7. 乘务员应当了解航空配餐生产、(　　)、运送的过程,以便更好地为旅客服务。

项目三　航空餐饮创意设计

项目描述

了解我国各个地区的饮食文化特色和我国主要客源国的饮食习俗,熟悉传统节日饮食文化,对航线主题航空餐食和节日主题航空餐食进行创意设计,并对航空餐饮服务进行创意设计。

项目目标

○ **知识目标**

(1)了解我国各个地区和我国主要客源国的饮食文化背景,以及相关饮食习惯和禁忌。

(2)熟悉各类节日的传统饮食文化,以及节日主题航空餐食创意设计的内容。

(3)掌握航空餐饮服务创意设计的内容。

○ **能力目标**

(1)能够将地域饮食文化与航空餐食结合起来,设计富有航线特色的航空餐食。

(2)能够将节日元素融入航空餐食,设计富有节日氛围的航空餐食。

(3)能够为旅客提供特色航空餐食服务,提高旅客满意度和获得感。

○ **素养目标**

(1)了解不同地域的饮食文化和饮食习俗,在感受世界多元文化的同时,深入挖掘和体悟中华优秀传统文化的独特魅力,从而树立起对中华优秀传统文化的自豪感和自信心,做到自觉传承中华优秀传统文化。

(2)理解和尊重多元文化,培养同理心、责任感和道德情操,成为具有人文素养和社会责任感的公民。

(3)追求卓越,培养实践技能,形成勤奋、专注、耐心和细致的工作态度,养成严谨的工作作风和持续改进的意识。

(4)激发探索精神,提升创新能力,能够在学习和工作中不断提出新观点、新方法。

(5)树立对民族品牌的认同感和自信心,努力为打造和维护优质民族品牌贡献自己的力量。

知识导图

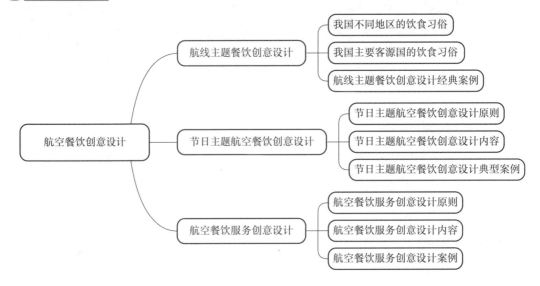

项目引入

馋哭！东航带你打卡"舌尖上的C919"

2023年5月28日，中国东方航空使用中国商飞全球首架交付的C919大型客机执行MU9191航班，从上海虹桥国际机场起飞成功飞抵北京首都国际机场。

C919航班餐食具体有哪些好吃的呢？正餐、甜点、饮品，每一款都不同，每一款都由中国东方航空的"五星天厨"精心研制。

1."鸿运当头"——鸿运"狮子头"

"狮子头"家喻户晓，是一道极其普通的家常菜。猪肉肥瘦各半，手工剁肉以保证肉质鲜美、汁水不外溢，将肉团放入高汤里慢火煨煮，香气四溢。"狮子头"搭配镂空番茄，寓意鸿运当头、红红火火。

"鸿运当头"

扫码看彩图

2."金玉满堂"——蟹粉虾仁

金秋时节家家户户少不了吃螃蟹。拆出蟹黄和蟹肉，锅中放入猪油，倒入蟹粉和姜末、料酒,并以淀粉勾芡,酱香蟹浓,是记忆中"妈妈的味道"。

扫码看彩图

"金玉满堂"

3."紫气东来"——文火牛肉

佳节喜日,饭桌上一定会出现这道熟悉的江南名菜——文火牛肉。精选上等牛肉,文火慢炖2小时,最后慢慢收汁直至肉质乌黑发亮、焦香肥美。一口咬下,咸香中带着甘甜,口感酥烂,美妙的滋味霎时充斥味蕾,令人欲罢不能。

扫码看彩图

"紫气东来"

4."五福临门"——腊味双拼饭

浓香四溢的腊肉、腊肠是极受人们喜爱的传统美食,香甜可口的米饭搭配主厨秘制的酱汁,肉香四溢,滋味浓郁,令人垂涎欲滴。

扫码看彩图

"五福临门"

5."东航那碗面"——葱油拌面

葱油拌面是江南文化孕育的一道面食,富有上海本帮特色。一碗色、香、味兼备的葱油拌面,面干酱红、葱头乳白、葱叶焦黄,三色分明;面香、酱香、油香、葱香四香可辨,鲜味、酱味、油味、葱味、甘味五味俱全。简单朴实的葱油拌面体现了海派文化简单中的不简单。

扫码看彩图

"东航那碗面"

6."一城一面"——本帮青菜肉丝炒面

无论是宴请宾客,还是寻常用餐,青菜肉丝炒面是上海人必不可少的一道主食。精心腌制的肉丝搭配主厨特调的酱料,与充满嚼劲的粗面炒制在一起,爽口脆嫩的青菜配以酱香十足的面条,油香、面香让人无法停下筷子。这是一款酱香浓郁、面条嚼劲十足的美食。

扫码看彩图

"一城一面"

7.中式点心——迷你八宝饭/元宝水饺/紫薯松糕

八宝饭寓意吉祥平安。水饺形如元宝,寓意着人们对未来的美好期盼:阖家团圆、幸福安康。

扫码看彩图

中式点心

8. 主题甜品——芒果慕斯/熊猫甜点

　　C919航班上配备具有当地特色的甜品,甜品上定制有"全球首架"C919机身同款专属标识。2023年6月10日起,熊猫限定款C919主题甜品在MU9198成都出港航班正式上线。

扫码看彩图

主题甜品

9. 机上咖啡——C919冷泡咖啡

　　旅途中的随行咖啡能让旅客随时随地享受一杯好心情。精选中国云南产区和哥伦比亚产区100%阿拉比卡豆,口感醇香。形似拉杆箱的外观设计体现了航空航行元素,每套咖啡的外包装设计了6种颜色,带给旅客多彩的空中飞行体验。

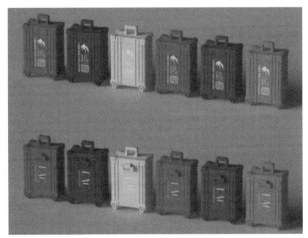

扫码看彩图

机上咖啡

(案例来源:《馋哭! 东航带你打卡"舌尖上的C919"》,中国东航微信公众号,2023年6月15日。)

案例分析:

　　供应美味的航空餐食不仅是提升旅客满意度的手段,更是航空公司增加品牌价值的一大途径。

任务一 航线主题餐饮创意设计

 任务描述

本任务介绍了我国各个地区的饮食文化和我国主要客源国的饮食习俗,并对航线主题餐饮创意设计经典案例进行了讲解。

任务目标

了解我国各个地区的饮食文化;熟悉我国主要客源国的饮食习俗和饮食禁忌;掌握航线主题航空餐饮设计的内容,能够将各航线城市的饮食习俗和文化特色融入客舱餐饮设计。

一、我国不同地区的饮食习俗

我国饮食文化历史悠久,饮食习俗的一大特点是以热食、熟食为主。由于地理环境的不同,我国各地的饮食文化也各具特色。了解不同地区的饮食文化和饮食偏好,对于提供高质量航空餐饮服务至关重要,不仅能够提升旅客飞行体验,还能够展现航空公司对多元文化的尊重和对旅客需求的关注。

(一)东北饮食文化区

东北饮食文化区包括辽宁省、吉林省和黑龙江省。东北地区气候寒冷,冬季漫长,其饮食文化具有豪放、质朴的特点。一菜多味、咸甜分明、用料广泛、火候足、滋味浓郁、色鲜味浓、酥烂香脆是其特色。烹调方法以熘、爆、扒、炸、烧、蒸、炖为主,东北菜讲究吃得豪爽,吃得过瘾。

东北菜的代表菜品包括:猪肉炖粉条、锅包肉、地三鲜、甩袖汤等。

(二)华北饮食文化区

华北饮食文化区包括北京市、天津市、河北省、山西省和内蒙古自治区。该区地形复杂多样,分布着山地、丘陵、高原、盆地、草原等,大多数区域属于温带大陆性气候,土壤疏松肥沃,适合农耕。以晋菜为例,其基本风味以咸香为主、以甜酸为辅。晋菜选料朴实,烹饪注重火功,选用爆、炒、熘、煨、烧、烩、扒、蒸等多种烹饪技法,成菜讲究原汁原味,地域特点明显,风味特色各异。

晋菜的代表菜品包括:猪血灌肠、黄芪煨羊肉、沙棘开口笑、黄河鲤鱼炖豆腐等。

(三)西北饮食文化区

西北饮食文化区包括陕西省、甘肃省、青海省、新疆维吾尔自治区和宁夏回族自治区。该区地形以山地、盆地和高原为主,气候干燥,冬冷夏热,温差很大。西北菜总的特色可以概括为"三突出":一为主料突出,以牛羊肉为主,以山珍野味为辅;二为主味突出,每道菜肴所用的调味品虽多,但主味却只有一个,酸味、辣味、苦味、甜味、咸味中只有一味出头,其他味居从属地位;三为香味突出,除了多用香菜,还常用干辣椒、陈醋和花椒等调味。

以陕西菜为例,代表菜品包括:岐山臊子面、牛羊肉泡馍、肉夹馍、胡辣汤等。

(四)西南饮食文化区

西南饮食文化区包括重庆市、四川省、贵州省、云南省和西藏自治区。

以位于长江上游的四川盆地为例,该区域气候属于温暖湿润的亚热带季风型,对农业生产的全面发展十分有利,被誉为"天府之国"。川菜讲究麻、辣、鲜、香。

川菜的代表菜品包括:水煮鱼、鱼香肉丝、灯影牛肉、火锅等。

(五)东南饮食文化区

东南饮食文化区包括上海市、江苏省、浙江省、安徽省、江西省。

以江苏省为例,该区域气候温和,湖泊河流交错,素有"鱼米之乡"的美称。苏菜的特色是以鱼、虾、蟹等为主,烹饪技法包括炖、焖、蒸、炒,重视调汤,保持菜的原汁,风味清鲜,浓而不腻,淡而不薄,酥松脱骨而不失其形,滑嫩爽脆而不失其味。

苏菜的代表菜品包括:阳澄湖清水大闸蟹、扬州炒饭、老鸭汤、煮干丝等。

(六)华南饮食文化区

华南饮食文化区包括广东省、海南省、香港特别行政区和澳门特别行政区。该区地跨亚热带和热带,气候温暖,四季常青,海鲜佳品长年不断,山珍野味、蔬菜瓜果丰富。

以广东省的粤菜为例,粤菜集顺德区、南海区、番禺区、东莞市、香山区、江门市、宝安区等地方风味特色于一体,兼具京菜、苏菜、淮扬菜、杭帮菜等外省菜以及西菜之所长,又自成一家。

粤菜的代表菜品包括:蜜汁叉烧、鲍汁扣辽参、菠萝咕噜肉、木瓜炖雪蛤。

二、我国主要客源国的饮食习俗

世界上有200多个国家和地区,2000多个大大小小的民族,由于地理位置、气候条件、历史沿革、社会制度、宗教信仰、文化背景的差异,各个国家和地区有着独特的饮食习惯和禁忌。航空公司通过提供符合旅客饮食习惯和饮食需求的客舱餐食,不仅能够提升旅客的满意度,还能够展现航空公司的国际化服务水平和对多元文化的尊重。

(一)亚洲主要客源国的饮食习俗

亚洲位于东半球,是世界上最大的洲,有40多个国家和地区。亚洲也是世界三大宗教的发源地,绝大多数居民信奉佛教,部分居民信奉伊斯兰教或基督教。在亚洲地区,我国的主要客源国有日本、韩国、泰国、新加坡、马来西亚、菲律宾、印度尼西亚等。

1 日本

日本人受其特殊的地理环境的影响,在饮食方面一般以大米为主食,以蔬菜、鱼、肉为副食。日本人对各种海味格外青睐,尤其是生蚝肉、生鱼片;同时,也喜欢吃泡菜,喜欢用酱、蔬菜、豆腐、香菇以及紫菜等海味菜制成的味噌汤。在饮食口味上,日本人喜欢鲜中带咸、清淡素雅的菜肴,可稍带甜酸和辣味。日本人在制作冷菜时,习惯在菜上撒上一些芝麻、紫菜末、生姜丝和白糖,既起到点缀和调味的作用,同时也作为这盘菜没有被人动过的标志。在水果方面,日本人偏爱瓜类,如西瓜、哈密瓜、白兰瓜等。在中餐方面,日本人偏爱粤菜、京菜、本帮菜等,以及中国绍兴的黄酒、贵州的茅台酒等中国酒。

(1) 生鱼片。

日本人酷爱吃鱼,鱼的做法五花八门,有炸、煎、烤、煮等。但无论采用何种做法,都要去掉鱼的骨刺。日本人还有吃生鱼片的习惯,一般将生鱼片称为"刺身"。用于做生鱼片的鱼必须非常新鲜,鲷鱼、金枪鱼、鲣鱼、鲑鱼为上等的生鱼片原料。生鱼片的吃法多种多样,通常切好的生鱼片会被放在盘子里,食用时可以蘸混有芥末的酱油。

(2) 弁当(便当)和寿司。

弁当和寿司在日本是很受欢迎的两种传统方便食品。弁当就是盒饭,主食是米饭,副食丰俭各不相同,最大优点是携带和食用都很方便。寿司即"日本饭团",是一种带菜或调料的大米饭团。日本最初是用发酵后的鱼和米饭制成寿司,与我国南北朝时期"鱼鲊"的做法十分相似。寿司以米饭为主要材料,在煮熟的米饭中加入适当的寿司醋、糖、盐等调味品,在米饭外部包裹海苔、紫菜、蛋皮、豆腐皮、春卷等,常用的馅料有海鱼、蟹肉、贝类、淡水鱼、鱼子、煎蛋和时令鲜蔬(如黄瓜、生菜等)。

日本寿司种类繁多,且因地而异,比较流行的有东京握制寿司、关西压制寿司、狐狸寿司等。目前日本寿司还发展出了很多新品种,如水果寿司、素寿司等,都非常美味,口味清新,而且不必蘸芥末,很受女性朋友的喜爱。

(3) 饮品。

日本人喜欢饮茶,特别喜欢喝绿茶,并颇为讲究饮茶方式。日本从中国引入茶道后,将其发展成具有本国特色的茶道。日本茶道是日本人接待亲朋宾客的一种特殊礼仪,有助于与他人交流感情、增进友谊。

日本人也爱喝酒,常见的酒类有清酒、烧酒和啤酒。清酒适用于有着正规礼节的宴会。烧酒则适用于轻松愉快的场合。啤酒也受众多日本人喜欢,很多上班族下班后都会去居酒屋喝啤酒。

(4) 红豆饭。

每逢喜事,日本人会吃红豆饭,并在碗内撒上一些芝麻、盐,不加其他调料,做出的红豆饭十分清香可口。

此外,日本人也有端午节吃粽子的习俗,在中秋节则吃用糯米做成的实心团子。不管是吃粽子还是吃团子,都必须有一盘豆沙做配料。

2 韩国

韩国饮食的主要特点是高蛋白、多蔬菜、喜清淡、忌油腻,口味以凉、酸、辣为主。韩国极具特色的食品是泡菜。腌制泡菜的主料是白菜、萝卜,配料是辣椒、大葱、大蒜,有时还要加入鱼虾酱。韩国人爱吃酸辣食物(尤以酸辣白菜最为爽口)。韩国人爱吃辣椒,家常菜里几乎都会放辣椒,但是韩国菜的辣与中国四川、湖北、湖南、云南、贵州等地菜品的辣截然不同,其辣度稍轻,且辣味中带有咸味、甜味、酸味等复杂口感。韩国人的家庭便饭由饭、汤、菜三类组成。在中餐方面,韩国人偏爱川菜。

(1) 主食。

米饭是韩国人的传统主食。韩国人在蒸米饭时,有时为了提味,会在米饭中掺入赤小豆、绿豆、大麦等杂粮。用糯米和赤小豆做成的"红饭"有着喜庆的寓意,是喜庆之日常见的主食。

米糕是韩国传统节日食品,原料是糯米和粳米,做法有"蒸糕"和"打糕"之分。

韩国人还很喜欢吃拉面。不过此"拉面"相当于中国的方便面,并非手工制作的拉面。拉面在韩国不仅是家中常备的,在大多餐馆也是榜上有名的。韩国拉面面饼比一般的方便面面饼更筋道,有的还加入了大米粉或土豆粉,爽滑可口,味道也很有地方特色。拉面品种也很多,如泡菜味拉面、石锅牛肉味拉面、海鲜汤面等,以辛辣的居多。加了辣椒粉、年糕和鸡蛋的拉面被称为"红蛋糕",其辣度极强,吃完后,往往令人涕泪横流,大呼过瘾。

(2) 汤类。

汤类也是韩国家庭中每餐必不可少的。酱是韩国各种菜汤的基本配料。在汤料方面,常用的如牛肉、猪肉、鸡肉、兔肉、山羊肉、野鸡肉、贝类、鱼,以及海带、紫菜等。

(3) 菜肴。

韩国菜肴的制作方式以炖煮、烤为主,基本上不做炒菜。

韩国人大多喜欢吃面条、牛肉、鸡肉,不喜欢吃馒头、羊肉和鸭肉。

韩国人普遍爱吃凉拌菜,以及生拌鱼肉、鱼虾酱等菜肴。生拌鱼肉的做法是把生肉、生鱼等切成片,加上佐料以及萝卜丝、梨子果泥等,再浇上加醋的酱或辣酱,拌均匀即可。

(4) 饮品。

韩国人习惯喝凉饮,餐馆一般会配备制冰机,正餐上桌之前,服务人员会先提供一杯冰水。

韩国人喜欢喝咖啡,尤其喜欢冰美式。

极受韩国人欢迎的酒类为烧酒、啤酒、米酒、炸弹酒。韩国烧酒的主要原料是大米,通常还配以小麦、大麦或者甘薯等,口感清新、不辣口,且价格便宜,酒精度数比中国白酒低,一般为18—22度。韩国米酒又称"浊酒",中文译为"马格利",是一种由大米和小麦酿成的浊米酒,酒精度较低,一般为6%Vol至8%vol。炸弹酒,也叫"炮弹酒",通常是将几种酒混合起来,有着极为刺激的口感,其制作过程非常能带动现场气氛。

在饮茶或饮酒时,主人总是以1、3、5、7的数字单位来敬酒、敬茶、布菜,并尽量避免以双数停杯罢盏。韩国人喝酒有互相倒酒的习惯,为别人斟酒时,讲究用右手拿瓶,左手要扶着右手,以示尊重。用左手斟酒被认为是不礼貌的。

(5) 九折板。

九折板是韩国传统饮食中的高级宴会前菜,盛放的容器分为九格,分别摆放牛肉或者蔬菜等九种不同食物,只有在韩国宫廷宴会或者重要节日庆典上才能吃到。九折板在韩国习俗中有"和谐"之意。

(6) 韩果。

韩果是韩国自古以来的祭祀供品,也是在婚礼仪式上或饮茶时食用的韩国传统点心,一般为油蜜草(由面粉加上蜂蜜、麻油后油炸制成),或蜜煎果(用蜂蜜腌制的水果或蔬菜)。

韩国人在生日、结婚、祭祀等重要的日子会制作糕饼祈求平安,如农历三月初三时做杜鹃花饼糕,中秋时做松饼等。

3 泰国

泰国在热带气候、地理环境和多元文化背景的影响下,形成了独特的饮食文化。泰国人偏爱酸辣口味的菜肴,这种口味的菜肴有助于增加食欲和去除体内湿气,以适应泰国湿热的气候。

泰国是"调料在舌尖上跳舞"的国家,泰国人善于利用各种调料,如咖喱、鱼露、虾酱等,有时还会利用天然食材作为调料,如泰国柠檬、泰国辣椒等,这些调料不仅增加了菜肴的风味,而且使得泰国菜具有鲜明的特色。泰国美食的精髓在于酸、甜、咸、辣、苦的完美融合。泰国菜肴中还常用到各种新鲜的草药和香料,如香茅草、柠檬叶、苦橙叶、九层塔、香菜叶、薄荷叶等,这些草药和香料不仅能为菜肴增添香气,而且对人体具有一定的健康益处。鱼露和辣椒是泰国人使用最多的调味品,无论是做菜、烧汤,或是吃面食,都要加入鱼露或辣椒进行调拌。

泰国人注重菜肴的外观和摆盘,喜欢将水果、蔬菜雕刻成各种花样来装饰菜肴,因此泰国菜在视觉上极具吸引力。

在中餐方面,泰国人偏爱粤菜和川菜。

(1) 主食与副食。

泰国人以米饭为主食,几乎每餐都会搭配一份米饭。泰国人在节日时或特殊场合会制作糯米饭,这也是泰国的传统食物。

副食主要是海鲜和蔬菜,海鲜在泰国餐食中占据重要地位。

(2) 饮品。

在饮品方面,泰国人喜欢喝啤酒、葡萄酒,也爱喝矿泉水、橙汁、咖啡、可乐、牛奶,尤其喜欢喝冰茶,泰国许多茶馆会在茶水中放入冰块来招待顾客。泰国人喝咖啡或红茶时,常搭配点心。

在泰国,深受人们喜爱的食物有菠萝炒饭、冬阴功汤、泰式咖喱饭、辣牛肉沙拉等。菠萝炒饭做法是将菠萝肉挖出切丁,与香米饭、洋葱、虾、果仁、肉松等混合炒熟,再用菠萝壳做碗,体现出原汁原味。冬阴功汤被称为泰国的"国汤"。在泰语中,"冬阴"意为"酸辣","功"意为"虾",所以冬阴功汤的本质是酸辣虾汤。在泰国,无论是在高档餐厅,还是在街边小食摊,均能见到冬阴功汤,甚至在便利店中也有冬阴功口味的方便面出售。关于冬阴功汤的来源,有着这样一个传说:在率军驱逐敌人并创建了吞武里王朝的郑信当政时期,公主因生病而毫无胃口,身体每况愈下,郑信命御厨给公主做一碗酸辣开胃汤。公主喝了这碗汤后身体好转,郑信王便将这碗汤命名为"冬阴功汤",并定为"国汤"。

■ 知识活页

东航在南亚、东南亚航班上推出特色餐食

首届中国—南亚博览会(以下简称"南博会")于2013年6月6日至10日在云南省昆明市举行。作为云南省最大的基地航空公司,中国东方航空云南分公司在运输服务、文化展示、餐食保障等方面全力服务于南博会。

南博会期间,中国东方航空结合南亚和东南亚国家的饮食习惯、宗教信仰、饮食禁忌等因素,从食材、烹饪方法、制作要求、口味特点等方面入手,在南亚及东南亚航班上推出了多款特色餐食:在昆明至加尔各答、加德满都、新德里等航线航班上为旅客特别准备了不含牛肉、猪肉的印度餐,同时推出多款咖喱口味的菜品,如咖喱鸡、香煎龙利鱼、咖喱烩什锦菌等;在昆明至达卡、马累等城市航线航班上为旅客提供清真餐。据悉,今后中国东方航空将在南亚、东南亚航班中继续执行南博会期间的空中餐食标准,搭乘中国东方航空航班往来于南亚、东南亚的旅客将能一直享用到美味的印度餐和清真餐。另外,6月3日至13日,中国东方航空为乘坐昆明至南亚、东南亚航线航班的旅客精心准备了具有云南地方特色的"云南十八怪"小食品。话梅、绿豆糕、酸角糖等10余种特色小食品被装在具有云南风情的小礼盒里,在给旅客带来美味享受的同时,展现了丰富多彩的云南文化风情。

(资料来源:杨希,《东航云南精心准备国际航班餐食 服务南博会》,民航资源网,2013年6月5日。)

4 新加坡

新加坡位于马来半岛的南端,风景秀丽,气候宜人,有着"东方十字路口""花园城市"的美誉。新加坡居民中大部分为华裔,部分为马来血统或印度尼西亚血统。新加坡人大多信奉佛教,也有信奉伊斯兰教、印度教或基督教的。

新加坡号称"美食天堂",其饮食文化具有多元性,融合了马来西亚、中国、印度等国的特色。新加坡人的主食为米饭、包子,副食主要为海鱼、海虾等海鲜。新加坡人爱吃炒鱼片、油炸鱼、炒虾仁等。早餐多为西餐,下午常吃点心。在水果方面,新加坡人爱吃桃子、荔枝、梨等。新加坡大多数华裔来自中国广东、福建、海南、上海等地,饮食口味清淡、偏甜,注重餐食的营养。新加坡的代表性美食有椰浆饭、肉骨茶等。在中餐方面,新加坡人偏爱粤菜、闽菜和本帮菜。

5 马来西亚

马来西亚位于东南亚,是一个多民族的国家,各个民族大多有自己的宗教信仰,马来人大多信仰伊斯兰教。

大多数马来西亚人受伊斯兰教的影响,不吃猪肉、贝壳类,也不饮酒,喜食牛肉、羊肉、鸡肉、鱼肉、米饭(极爱吃咖喱牛肉饭),以及具有民族风味的"沙爹"烤肉串。"沙爹"烤肉串指用竹签串上牛肉或羊肉、鸡肉、虾等,并用炭火烤熟,食用时蘸上又甜又辣的花生酱。

马来西亚人爱吃的其他副食还有海鱼、海虾等海鲜,鸡、鸭等家禽,以及新鲜的蔬菜。他们善于用烤、炸、爆、炒、煎等烹饪方式做菜,菜肴口味为甜中带辣。由于马来西亚地处热带,盛产水果,马来西亚人餐后会吃各种水果。餐后点心有木薯糕、炸香蕉等。

在中餐方面,马来西亚人偏爱粤菜、川菜。

在饮品方面,马来西亚人爱喝椰汁、咖啡等。马来西亚国产咖啡味道淡而清香,有一股麦茶掺咖啡的味道。

在饮食礼仪方面,按传统习惯,马来人在进餐时,不用刀叉或筷子,而是直接用右手取食。进餐时,男子盘腿,女子屈腿,席地而坐。菜肴摆在地上的草席或餐毯上。餐毯上往往要放几碗清水,以供"洗手",这是一种象征性的礼节。在宴席上,主人用冰水或茶水待客,忌用酒类。

6 菲律宾

菲律宾位于亚洲东南部,由7000多个大小岛屿组成,是一个群岛国家。菲律宾的主要民族是马来族,另外还有为数不多的土著人。大多数菲律宾人信奉天主教,少数信奉伊斯兰教。

菲律宾人的饮食种类非常丰富,包括法式、印度式、西班牙式佳肴。菲律宾人的主食是大米、玉米,副食主要是肉类、海鲜和蔬菜。受西班牙的影响,菲律宾人在烹调时喜欢使用香辣调味品。菲律宾的代表菜肴有咖喱鸡肉、炭火烤乳猪等。菲律宾人很喜欢吃豆腐,以及兔肉、鸡肉、羊肉、猪肉、牛肉等,最喜欢喝啤酒,喜欢咀嚼槟榔和烟叶。

在菲律宾,许多地方的人习惯用右手抓饭进食,米饭多用瓦罐或竹筒煮熟。菲律宾人喜欢用椰子汁煮饭,用香蕉叶包饭,别有风味。菲律宾人常将玉米晒干后磨成粉,然后做成各种食品。

7 印度尼西亚

印度尼西亚位于亚洲东南部,地跨赤道,是世界上最大的群岛国家,由17500多个大小岛屿组成,有"千岛之国"之称。印度尼西亚有100多个民族。大多数印度尼西亚居民信奉伊斯兰教,也有一部分信奉基督教、天主教、印度教、佛教等。

印度尼西亚人的主食包括大米、玉米和薯类。在副食方面,喜欢吃牛肉、羊肉、鱼肉、鸡肉等。印度尼西亚人大部分信奉伊斯兰教,因此一般不吃猪肉食品,也不喜欢带骨头的菜肴。印度尼西亚人的早餐一般为西餐。印度尼西亚菜肴的特点是辛辣、味香,无论是肉类还是鱼类,都要加上很多辣椒或胡椒等调味料。

在饮品方面,印度尼西亚盛产咖啡豆,印度尼西亚人对咖啡的喜爱程度几乎等同于中国人对茶的喜爱程度。他们还爱喝红茶、葡萄酒、汽水等,很少喝烈性酒。

在中餐方面,印度尼西亚人喜欢香酥鸡、宫保鸡丁、咖喱羊肉、炸大虾、青椒肉片等。

8 印度

受到历史文化和民族文化的影响,印度南方与北方的饮食差异很大。南方多素食,特点是以米饭为主食,菜肴口味较浓,具有"一辣四多"的特性。"一辣"是指菜肴普遍用咖喱和辣椒佐味,口味偏辣;"四多"是指奶品多、豆品多、蔬菜多和香料多。北方受伊斯兰文化的影响,食物以肉、谷物和面包为主,喜辣味,以面饼为主食。印度菜多汁,味道厚重。印度人一般用手抓取米饭、面饼和菜,将其包在一起食用。

因为宗教信仰的影响,印度的素食人群非常普遍。印度是佛教的发源地,佛教教义中对杀生及食肉有着明确的禁止。而耆那教同样禁止杀生。印度教中,牛作为神明湿婆的坐骑,亦被视为神明的存在,因此在印度,牛的地位崇高。印度信奉印度教的人数占印度总人数的一大半,他们大多数是不吃牛肉的。印度还有很多伊斯兰教信徒,伊斯兰教的教义规定不吃猪肉。在印度,即使不是素食主义,这些人可以选择的肉类也比较局限,这就导致许多不是素食主义的人也会经常吃素。素食者的食物包括大米、面饼、蔬菜、豆类、牛奶、酸奶和奶酪。

(二)欧洲主要客源国的饮食习俗

欧洲位于东半球的西北部,东临亚洲,西濒大西洋,北接北冰洋,南边与非洲隔地中海相望。欧洲独特的地理位置使其拥有丰富的自然资源和多样的文化遗产,吸引了大量的旅游客流。旅游业是欧洲经济的重要组成部分,许多城市,如巴黎、伦敦、罗马等,都是世界著名的旅游目的地。同时,欧洲也是重要的商务旅行目的地,许多国际组织和跨国公司的总部设在了这里。欧洲各国之间紧密的合作关系,特别是在申根区国家间的自由通行政策,极大地促进了人员流动和经济交流,使得欧洲成为全球航空业的重要市场之一。中国与欧洲之间的航空客运市场非常活跃,中欧民航市场已成为中国规模最大的远程航空运输市场。目前中国在欧洲的主要客源国有英国、法国、德国、意大利、俄罗斯、西班牙等。

1 英国

英国,全称为"大不列颠及北爱尔兰联合王国"(The United Kingdom of Great Britain and Northern Ireland),是一个位于欧洲西北部的国家。英国的传统饮食文化以其多样化和包容性而闻名,传统菜肴包括炸鱼排和薯条(Fish and Chips)、肉饼(Meat Pie)、烤羊肉(Roast Lamb)、布丁(Pudding)等。随着全球化的发展,英国也吸收了来自世界各地的美食,如印度咖喱、意大利比萨、中国菜肴等,英国的饮食文化也因此变得更加丰富多彩。

英国人的饮食口味清淡,喜酥香,不爱吃辣。他们在饮食上没有很多的禁忌,对牛肉、羊肉、鱼肉、鸭肉、鸡肉、鸡蛋都比较喜欢。常吃的蔬菜有卷心菜、生菜等。在用餐时,调味品大多放在餐桌上,任人自由选择,如醋、芥末、番茄沙司、辣酱油、盐、胡椒粉等。此外,英国人在饮食方面还体现出以下特点。

(1)爱吃甜品和奶酪。

英国人爱吃冰淇淋和其他冰冻甜食,也喜欢传统的甜点,而且通常是配着许多奶油或蛋奶沙司一块吃。英国人普遍爱吃奶酪,各式奶酪来者不拒。大多情况下,英国人会在吃完一些甜品以后,摆上一桌子各式的奶酪和饼干,再配上咖啡、白兰地或波尔多葡萄酒,作为最后的一道餐食。

(2) 一日四餐。

讲究的英国人往往每日四餐,即早餐、午餐、茶点和晚餐。

早餐要求吃得好,早餐时间多为7—9点,主要食品是麦片粥、火腿、蛋、烤面包和果酱,餐后会喝红茶。

午餐较简单,午餐时间约为13点,食品通常是烤肉、土豆、沙拉和面包。午餐时会喝茶,一般不饮酒。

午后茶点安排在16点至17点,以喝茶为主,同时吃一些面包、点心等。

晚餐是正餐,是一天中最丰盛、最讲究的一餐。晚餐时间多在19点左右,用餐时对服饰、座次、用餐方式都有严格的规定。主要食品为汤、鱼类、肉类、蔬菜、甜食、水果以及各种酒和咖啡。

英国人在吃饭时忌刀叉与水杯相碰,并认为如果碰响后不及时中止,会带来不幸。

(3) 酷爱饮茶。

英国人算得上是世界上极爱喝茶的民族了。自从中国茶叶于17世纪由东印度公司第一次带到英国后,英国人便把喝茶当作每天必不可少的享受。英国人对茶的热爱是世界闻名的,茶文化在英国社会中占有非常重要的地位。英国人喜欢饮用各种类型的茶,尤其是红茶,最喜欢喝中国的"祁门红茶"。英国人每天喝茶的次数很多,按时间可分为晨茶、上午茶、下午茶、晚茶和饭后茶。下午茶(Afternoon Tea)是英国的重要文化传统,通常在15点左右进行,包括享用茶水和各种小点心,如三明治、烤饼(Scone)、蛋糕等。英国人饮茶时常常加入牛奶和糖,这种饮茶方式与东方传统的清饮法有所不同,体现出英国将茶文化进行了本土化。英国人十分重视喝茶的艺术,从沏茶、喝茶到收茶具,全过程规矩严格,要求前后次序不能弄错,否则就是对客人的大不敬。而且茶具相当讲究,包括陶瓷茶具、不锈钢茶具,以及由白银制成的茶具。

2 法国

法国的烹调技术在欧洲乃至全球都享有盛誉,法国菜系与中国菜系和土耳其菜系并称世界三大菜系。法国菜的烹饪用料考究,强调食材的新鲜和高质量,要求菜肴保持原汁、原味、原色,讲究菜肴的精巧工艺和合理的营养成分,在口味上要求肥嫩、鲜美、浓郁,不喜辣。

法国人爱吃牛肉、猪肉、鸡肉、鱼子酱、鹅肝,不吃肥肉、除肝脏外的动物内脏、无鳞鱼和带刺骨的鱼。除此之外,法国人还爱吃腊兔肉、肉肠、海鲜、鱼类和蔬菜等,家常菜是牛排和焗马铃薯。法国人喜欢酥点和水果。主食方面,法国人极爱吃面食,面包的种类很多。

在饮品方面,法国人特别喜欢喝矿泉水。法国人也喜好咖啡,在巴黎街头,有数不清的咖啡馆。法国人喜欢在工作之余、用餐后,约几个朋友到咖啡馆边喝边聊,这是法国人的一种休闲方式。此外,法国也是著名的葡萄酒生产国,拥有多个世界知名的葡萄酒产区,如波尔多、勃艮第和香槟区。法国是名酒白兰地、香槟酒的故乡,酿酒业闻名世界,法国人也有"饮酒冠军"之称。对法国人来说,酒就是普通饮料的代名词。法国人对葡萄酒的热爱和专业鉴赏能力是全球公认的。葡萄酒是法国餐桌上不可或缺的饮品,法国人很讲究菜和酒的搭配,在烹制菜肴时也喜欢用酒调味,并有许多讲究,如清汤用葡萄酒,海味用白兰地,烤火腿、火鸡用香槟酒。在用餐过程中饮酒也很有讲究,一般情况下,法国人在用餐前会喝开胃酒,在吃海味、冷菜时喝白葡萄酒,而吃肉和奶酪时喝红葡萄酒,在餐后喝白兰地或咖啡。

法国被誉为"奶酪王国",其干鲜奶酪闻名于世。法国奶酪的种类繁多,风味各异,如著名的卡芒贝尔奶酪、布里奶酪、羊奶酪等,每一种奶酪都有其独特的制作工艺和食用方法。对于法国人来说,奶酪必不可少。法国奶酪不仅是法国人日常饮食的一部分,还是法国美食文化的重要组成。

法国具有代表性的美食有肥鹅肝、蜗牛和黑松露。

3 德国

德国位于欧洲中部,有"欧洲的心脏"之称,同时也有"诗人和哲人的国度"的美誉。德国人在饮食上更注重食物的热量、营养成分与搭配,没有特别讲究烹饪技艺,菜品也相对缺乏特色。他们经常生吃各种新鲜蔬菜,以保持食物的自然属性和营养价值。德国人的口味较重,餐食重油,以肉类为主。德国人喜食甜点和各种水果,喜欢吃中国菜,忌食狗肉,不喜欢吃羊肉和过辣的食物。

德国人爱吃肉和土豆。德国人多为日耳曼族,爱好"大块吃肉,大口喝酒",尤其爱吃猪肉,许多传统菜肴都是猪肉制品,如香肠、烤猪肘等,会在酸卷心菜上铺满各式香肠及火腿,有时会用一只猪后腿代替香肠及火腿。德国人非常爱吃土豆,烹调方式多样,如炸薯条、煮土豆、烤土豆、蒸煮土豆泥、炸土豆饼等。洋葱是德国人菜肴中不可缺少的。

德国人爱喝啤酒,德国是全球啤酒生产大国之一。在德国,啤酒有"液体面包"之称。

面包是德国人日常饮食中不可或缺的一部分,几乎每餐都会搭配面包食用。德国面包的发展历史悠久,种类繁多。

4 意大利

意大利的饮食与法国相似,意大利菜讲究原汁原味,多以海鲜为主料,辅以牛肉、羊肉、猪肉、鱼肉、鸡肉、鸭肉、番茄、黄瓜、青椒、大头菜、香葱等烹制而成。制作方法有煎、炒、炸、煮、红烩或红焖,喜欢加蒜蓉和干辣椒,略带辣味,火候一般是六七成熟,重视牙齿对食物的感受,以食物略硬而有弹性为佳。意大利菜的特色可以用醇浓、香鲜、断生、原汁、微辣、硬韧来概括。意大利人有早餐喝咖啡、吃烩水果、喝酸牛奶的习惯,吃饭时离不开饮料,饭后要吃水果,如葡萄、苹果等。意大利人吃烤牛排时要求牛排鲜嫩带血,不能太老,在款待客人的菜肴中常见烤牛排。在吃烤小羊排、烤乳猪时,意大利人通常不用刀叉,而用手抓。

意大利人喜爱米饭和面食。意大利面、葱卷、比萨等面食是意大利标志性食品,并成为著名美食,受到各国的欢迎。意大利面又叫意粉,有直线形、螺丝形、弯管形、蝴蝶形、贝壳形等形状,通体呈黄色,耐煮,口感好,有嚼劲。

意大利人很爱喝酒,甚至喝咖啡时也要掺酒以增加其香味。日常生活中,意大利人在午餐、晚餐时必须喝酒,若有客人来访,必以酒相敬。意大利人喝酒有一定的讲究,如饭前喝开胃酒,席间根据菜品选择白葡萄酒或红葡萄酒,餐后喝少量甜酒或烈性酒以助消化。在较重要的宴会上,意大利人还有开香槟酒的礼仪,若"砰"的一声后,瓶塞弹得很远,香槟酒沫溢出,主人和宾客会将其视为吉兆,纷纷鼓掌相贺。

5 俄罗斯

俄罗斯位于欧洲东部和亚洲北部,是世界上面积最大的国家。俄罗斯人的烹调技巧较为高明,俄式大菜在世界上享有一定声誉。俄罗斯餐食讲究量大实惠,油大味厚。俄罗斯人喜欢酸味、咸味,偏爱炸、煎、烤、炒制的食物,尤其爱吃冷菜。在俄罗斯餐桌上最常见的就是各种各样的肉类,几乎每餐都会有牛肉、羊肉、牛排、香肠等。此外,正餐的第一道菜——罗宋汤也颇具特色,由白菜、萝卜、西红柿、土豆、肉、甜菜、桂皮等熬制而成,非常美味。珍贵的鱼子酱、正宗的罗宋汤、传统小煎饼,都是非常具有俄罗斯民族特色的传统美食。俄罗斯人一般不吃乌贼、海参、海蜇、木耳等食物,忌讳打翻盐罐或将盐撒在地上。俄罗斯人对盐十分崇拜,视盐为珍宝,祭祀时会将盐作为供品,认为盐具有驱邪除灾的力量,而打翻盐罐或将盐撒在地上是家庭不和的预兆。俄罗斯人很讲究餐桌陈设的艺术性,认为美好的餐台会给人带来愉悦的心情,并有增进食欲的作用。

俄罗斯人的早餐比较简单,几片黑面包、一杯酸牛奶即可。他们的午餐和晚餐却很讲究,爱吃肉饼、牛排、红烧牛肉、烤羊肉串、烤山鸡、油炸大排、鱼肉丸子以及油炸马铃薯等。午餐、晚餐不可无汤,汤汁一般要浓,同时,也少不了冷盘。

俄罗斯人爱喝酒,而且大多酒量很好,喜欢烈性酒,如伏特加等,对中国的茅台、西凤酒等烈性酒也颇感兴趣。此外,他们还喜欢喝加糖的红茶,喝茶时一般要搭配果酱、蜂蜜、糖果和点心。

俄式薄饼是俄罗斯历史极为悠久的食物,在一些传统节日里都有吃饼的风俗,如"送冬节"(又称"烤薄饼周")。俄罗斯有"不吃饼就不算过(送冬)节"的谚语。"送冬节"一般在每年2月底至3月初,节日持续一周,每一天都有不同的庆祝方式,不过共同点是每天都要吃薄饼。金黄色的薄饼象征太阳和春天。

在中餐方面,俄罗斯人喜爱糖醋鱼、辣子鸡、烤羊肉等,尤其爱吃北京烤鸭。

6 西班牙

西班牙位于欧洲西南部的伊比利亚半岛。西班牙人的主食以面食为主,也吃米饭,饮食口味偏酸和辣,忌食过于油腻、过咸的食品。西班牙人爱喝葡萄酒、雪利酒、苹果酒、啤酒,喜欢饮凉水,不习惯喝热水。他们喝绿茶、菊花茶时常要求加糖。

西班牙人酷爱过节,节日庆祝活动中常常设有丰富的美食和饮品。每年的1月17日是名副其实的"口福节",当日夜晚,人们围坐在篝火边,吃软米饭、鳗鱼馅饼、香肠面包等,一直吃到天亮;2月的"狂欢节",要吃奶蜜面包卷和薄饼;3月的"烹调节",要吃蜗牛佳肴;4月的"复活节",要吃烤乳猪、烤羊肉;5月的"苹果节",要尽情吃苹果;6月的"拉萨卡节",则要在广场的篝火旁吃烤牛肉;7月的"葡萄节",可畅饮葡萄酒。此外,还有8月的"螃蟹节"、9月的"鲜果节"、10月的"全国烹调日"、11月的"丰收节"、12月的"跨年夜"等。

西班牙的早餐时间通常为7点至8点,以牛奶、果汁、咖啡、饼干和面点为主。午餐时间较晚,一般为13点至15点半。晚餐则更晚,通常为20点半至23点。西班牙人还有在上午和傍晚吃点心的习惯。

在中餐方面,西班牙人偏爱川菜、粤菜,也喜欢烤乳猪、干煎大虾、松鼠鱼、香酥鸡等风味菜肴,尤其喜欢糖醋浇汁菜肴。

(三)美洲主要客源国的饮食习俗

美洲分为北美洲和南美洲,主要有美国、加拿大、墨西哥、阿根廷、智利、巴西等国。美洲居民大多信奉天主教或基督教新教,饮食习惯以西餐为主,比较讲究食品的营养和卫生。

1 美国

美国的饮食文化是多种饮食文化的融合,这种融合使得美国的饮食文化更具多元化和包容性。美国人喜欢咸中带甜的菜肴,喜欢甜食,饮食口味较清淡,在饮食上没有什么禁忌,特别喜欢吃火鸡、牛肉等。美国人较能接受中餐。

美国人的饮食习惯以快捷、方便为主,这与美国的快节奏生活方式密切相关。早餐通常比较简单,包括果汁、面包、麦片、牛奶和咖啡等。午餐则以快餐为主,如汉堡包、三明治、比萨、热狗等。晚餐则相对丰盛,常见的主菜有牛排、猪排、炸鸡、火腿等。美国的快餐文化在全球具有影响力,快餐店提供的馅饼、热狗、汉堡包、炸面包圈、凉菜、通心粉、冰激凌等食品既方便又实惠。美国的饮食文化强调个人口味的选择,餐厅和快餐店通常提供各种调料和酱料供顾客根据自己的口味需求添加,一般不用生酱油,没有食醋的习惯。

美国人在饮食上比较注重营养均衡,近年来越来越重视健康饮食。肉类消费逐渐减少,而海味和蔬菜的吸引力增加。水果在菜肴中占有重要地位,常见的有菠萝焖火腿、苹果烤鹅等。在蔬菜方面,青豆、菜心、土豆、豆苗、刀豆等都很受欢迎。随着健康意识的增强,无脂松饼、饼干、糕点,以及麸饼等以燕麦为原料的食品在美国越来越受欢迎。燕麦食品被认为有助于降低胆固醇水平,对健康有益。苹果派是另一种美国人钟爱的甜食,苹果派味道酸甜,配上香甜可口的冰激凌,就能盖住苹果的酸味,中和新鲜出炉的苹果派的热度,这样吃起来口感是最佳的。

饮料在美国人的生活中占有重要地位,各种饮品如番茄汁、橙汁、牛奶、汽水、啤酒、葡萄酒等是餐桌上的"常客"。饭前会饮用番茄汁、橙汁等饮料,起到增进食欲的作用;就餐时会饮用牛奶、汽水、啤酒、葡萄酒等,一般不多喝烈性酒;饭后通常喝咖啡或茶。美国人爱喝冰水,平时喝威士忌、白兰地时会加苏打水和冰块,不需要另配小吃。在喝茶时,往往在茶里放入冰块、蜂蜜、柠檬,制成具有酸、甜、涩三种滋味的清凉饮料。美国人不论男女老幼,对冷饮颇感兴趣,对冰激凌有着特殊的爱好。对于咖啡的原料、烘焙方式和口味,每个爱饮咖啡的美国人都有自己独到的见解。很多美国人喜欢在家里摆上一台咖啡机,买上乘的咖啡豆自己制作香气四溢的咖啡。

2 加拿大

加拿大位于北美洲北部,是一个地广人稀的国家。居民大部分是欧洲移民的后裔,以英、法血统居多。加拿大人主要信仰天主教和基督教新教。

加拿大人的饮食习惯近似于美国人。烤牛排是加拿大的名菜,也是加拿大人的家常菜。他们在烤牛排的过程中不加佐料,烤熟后再加上盐、番茄酱、土豆泥、黄瓜等辅料,绝大部分加拿大人很喜欢吃嫩牛排。此外,加拿大人还喜欢吃猪肉、鸡蛋、蔬菜及水果。加拿大人的饮食口味清淡,比较喜欢甜食,一般不用蒜以及酸辣味的调味品。他们对沙丁鱼和野味有特殊的爱好。

加拿大人很重视食品的营养与卫生,讲究食品质量,低脂、低糖、低盐的食品越来越受欢迎。加拿大人不吃胆固醇含量高的动物内脏,也不吃脂肪含量高的肥肉。在饮品方面,加拿大人喜欢白兰地、香槟酒、啤酒和冰水,其中啤酒的消费量尤其大。加拿大人喜欢在餐后喝牛奶、咖啡、红茶,吃水果。加拿大人较爱吃中国菜,尤其是淮扬菜、本帮菜、鲁菜。

加拿大人的早餐和午餐都比较简单,午餐多为三明治、蔬菜、牛奶或其他饮品、水果和罐头食品。晚餐通常以汤开始,主菜包括鸡肉、牛肉、鱼肉、猪肉等肉类和面食,加上土豆、胡萝卜、豆角等蔬菜,最后上甜点,水果、冰激凌、果酱饼等交替搭配,上甜点时配以牛奶、咖啡、茶等饮品。

加拿大的代表性美食有枫糖、三文鱼、冰酒等。

枫糖来自加拿大最负盛名的"国树"——枫树,作为世界上最大的枫糖出产国,加拿大枫糖的产量和质量位居世界第一。这种珍贵的汁液必须萃取于超过40年生长期的枫树,一般来说,每40千克的枫树汁液只能提取约1千克的枫露。采集枫树液对气温要求非常苛刻,每年的收获时节为三四月份,而且只有在夜间0℃以下以及白天5℃以上才能采出枫树液。枫糖味道古朴天然,香气浓郁宜人。在加拿大,每家都要备上一瓶枫糖用于烹饪或调味,枫糖也是送礼佳品,装在枫叶状玻璃瓶内的枫糖尤其受欢迎。

三文鱼,学名"鲑鱼",是深海冷水鱼中的瑰宝,生活在北太平洋和北大西洋。加拿大是世界上仅有的能够观看到三文鱼洄游的四个国家之一,每年7—10月,会有成千上万条三文鱼到加拿大佛雷瑟河上游的亚当斯河段繁衍后代,而观三文鱼洄游也成为加拿大很受欢迎的一项旅游活动。优越的地理环境和生态环境,使加拿大拥有世界上最丰富的野生三文鱼资源。如此鲜活健康的三文鱼,无论是生食,还是熏烤、煎炸、炖汤,都是非常美味的。

冰酒可算是加拿大的"镇国之宝"。冰酒的酿造对地理气候要求极为严苛,要求纬度高、温度低,因此全球只有几个国家适合生产冰酒。对于加拿大来说,也只有安大略和英属哥伦比亚有能力生产。加拿大冰酒口感清润、甜美醇厚,既可单独饮用,也可与水果、甜品等搭配享用。

3 巴西

巴西,全称为"巴西联邦共和国",位于南美洲东南部,是拉丁美洲最大的国家。因幅员辽阔,巴西饮食偏好和习惯呈现出地区差异:南部地区因土地肥沃,有很多牧场,烤肉便成为当地最常见的大菜;东北地区的主食是木薯粉和黑豆;其他地区的主食则是面、大米和豆类等。

巴西人大多以费让或大米为主食。费让是巴西出产的黑豆、爬豆、芸豆、菜豆等豆类的总称,但大豆不在其列。巴西人喜欢把费让和大米一块蒸煮成豆饭。巴西普通人家的餐食包括米饭、豆汤、蔬菜沙拉、炸薯条或土豆泥。主菜通常为肉类,以牛肉、鸡肉和猪肉为主,有时是鱼肉。米饭的做法与中国不同,会在锅里放少许油,先将生米掺和切碎的大蒜和洋葱进行翻炒,后加入水和一点盐煮熟,这样做出来的米饭比较香,略带咸味。总的来说,巴西人以欧式西餐为主,饮食口味一般不喜太咸,大多数巴西人都爱吃红辣椒,许多菜里都会加入花生、腰果、虾米作为配料。巴西人乐于品尝中国菜肴。巴西代表性美食有豆子炖菜、巴西烤肉、巴西咖啡和瓜拉那。

(1) 豆子炖菜(Feijoada)。

在巴西主食中,巴西特产黑豆占有重要地位。除了制作黑豆饭,巴西人还会将黑豆与各式各样的烟熏干肉、猪蹄、杂碎等一起烹制成豆子炖菜。豆子炖菜被誉为"国菜",深受巴西人喜爱。

(2) 巴西烤肉。

巴西烤肉是巴西人爱吃的传统风味食品。巴西人吃烤肉时喜欢吃肉的原味,把牛肉、猪肉、鸡肉串在铁签上烤制,只放盐来调味。

(3) 巴西咖啡。

巴西是世界上极大的咖啡生产国,素有"咖啡王国"之称,巴西人称咖啡为"绿色的金子"。咖啡在巴西人的生活中占有很重要的地位,几乎每个家庭每天都喝咖啡。大多数巴西人喜欢在咖啡中加入牛奶和糖,也有人爱喝带有苦味的纯咖啡。

(4) 瓜拉那。

瓜拉那是巴西特有的一种饮料,在巴西饮料市场力压可乐、雪碧,雄踞巴西"国饮"位置。它来源于瓜拉那树,这种树是巴西特有的一种野生植物。瓜拉那饮料具有多种功能,如生津解渴、退火清热,还可以提神健脑,防止动脉硬化,治疗神经痛及痢疾等。巴西是世界上生产和出口瓜拉那的主要国家。

4 墨西哥

墨西哥人的饮食文化是在当地土著居民传统饮食习俗的基础上,吸收了欧洲各国,特别是西班牙的烹饪技艺后逐渐发展起来的。墨西哥人的传统食物主要是玉米、菜豆和辣椒,被称为墨西哥餐桌上的"三大件"。墨西哥人饮食口味清淡,喜欢咸甜带酸的食物,烹调方式以煎、炸、炒为主,大多数人爱吃西餐,在中餐方面偏爱粤菜。墨西哥人爱喝可乐、啤酒、白兰地、威士忌等。

(1) "玉米之乡"。

墨西哥是"玉米之乡",人们常说玉米是"墨西哥人的面包"。墨西哥人可以用玉米制作出各种各样的美食。首先是玉米饼,这是一种包裹着肥美猪肉或鸡肉的食物,当地人称其为"塔克"。还有一种被当地人称为"Pozole"的玉米肉汤,也是墨西哥极具特色的传统美食,每逢重大节日或是家庭活动,它都会出现在墨西哥人的餐桌上。此外,许多墨西哥人喜欢喝玉米面粥,吃玉米面饼、嫩玉米冰激凌等。

(2) "仙人掌之国"。

墨西哥有"仙人掌之国"的美称,当地人喜食仙人掌,他们会把仙人掌当作一种水果食用,并用它配制各种家常菜肴。

此外,墨西哥盛产辣椒,因此墨西哥人也特别能吃辣。墨西哥在食用昆虫方面的消耗量也极大。

5 阿根廷

(1) 烤肉。

阿根廷有"三宝":探戈、足球和烤肉。作为"三宝"之一,烤肉是阿根廷极具代表性的美食。阿根廷人大多是西班牙人或者意大利人的后裔,因此他们的饮食文化掺杂了欧式西餐的风格。但是经过了几个世纪的发展,阿根廷也形成了独特的、有别于欧式西餐的饮食风格。阿根廷人爱吃肉,尤其是牛肉、羊肉和鸡肉。这里有世界上极佳的牧场,得天独厚的自然环境使得阿根廷的牛肉也算得上是世界上数一数二的,被出口到世界各地。阿根廷人在制作牛肉时不喜欢太复杂的步骤,而用最简单的炭烤方式,先撒点盐,然后用炭火将牛肉烤至外表略焦黑,大概六七分熟。这时的烤肉外香里嫩,若切开后还会流出粉色肉汁,就说明烤得很到位了。阿根廷人也很爱吃蔬菜,会用新鲜蔬菜沙拉搭配烤肉食用。

(2)马黛茶。

阿根廷已有400多年的马黛茶饮用历史。只要去过阿根廷的人,就一定会知道马黛茶,在阿根廷的大街小巷穿梭,可以看到很多当地人的手里都会拿着一把茶壶,也就是独具特色的马黛茶茶壶。

(四)大洋洲主要客源国的饮食习俗

大洋洲位于太平洋西南部和南部,介于亚洲和南极洲之间,西临印度洋,东临太平洋。大洋洲是世界上面积最小的一个洲,包括澳大利亚、新西兰等国家以及众多的太平洋岛国,拥有丰富的自然资源和多样的生态系统。大洋洲的地理位置使其成为亚洲、非洲和美洲之间的交通枢纽,为其航空业发展造就了独特的优势。随着国际航班的恢复和旅游业的复苏,大洋洲的航空客源市场有望得到进一步增长。

1 澳大利亚

澳大利亚位于南太平洋和印度洋之间,由澳大利亚大陆和塔斯马尼亚岛等岛屿和海外领土组成。

澳大利亚的饮食文化具有多元性,平时以英式西餐为主,注重菜肴色彩,讲究食材新鲜、质优。澳大利亚人饮食口味清淡,喜欢甜酸味,不喜太咸和辣味。

澳大利亚人喜欢吃面食,如面包等,尤其喜欢吃中国的水饺;喜欢吃鸡肉、鸭肉、鱼肉、海鲜、牛肉、蛋类;喜欢吃豆芽、西红柿、生菜、菜花等;喜欢喝啤酒、葡萄酒,饭后喜欢喝咖啡,也爱饮红茶、花茶;喜欢吃新鲜水果,其中荔枝、苹果极受欢迎;喜食花生米。对于中餐,澳大利亚人偏爱粤菜。而无论是吃中餐还是西餐,澳大利亚人都爱用很多调味品,在餐桌上由自己来调味。

澳大利亚人的饮食习惯一般是三餐加茶点。

早餐时间为7—8点,主要食品有牛奶、麦片粥、火腿、煎蛋、黄油、面包等。

午餐时间为12点半到13点半,午餐多为快餐,如三明治、汉堡包、热狗等。

晚餐时间为19点半左右,是一天中的正餐,食物丰盛,比较讲究。晚餐一般有三道菜:第一道是开胃菜,常为浓汤或凉菜;第二道是主菜,多为清炖或油炸的鱼块和牛羊肉,此外还有多种蔬菜;第三道是甜食,包括各种糕点、冰激凌和水果沙拉。

茶点包括早茶和下午茶。早茶在10点半左右,下午茶在16点左右,以咖啡和茶为主,辅以饼干、小蛋糕等甜食。

2 新西兰

新西兰被太平洋的温暖海水环绕,南北两大岛拥有充足的阳光和雨量,这为其农业生产提供了良好的条件。新西兰的土地肥沃,畜牧业、奶业和果园种植业发达,因此新西兰人的饮食包含大量的肉类、奶制品和新鲜水果。

新西兰人在饮食上倾向于清新、自然的口味,喜欢使用当地特有的植物(如香草等)来调味,为菜肴增添地方风味。新西兰人喜欢吃西餐,对快餐的接受度较高,尤其是炸鱼、薯条、汉堡、派等传统小食。早餐大多是牛奶、黄油、面包、鸡蛋,加上一杯饮料。中餐也比较简单,一个苹果加一个热狗,或一个三明治。晚餐是正餐,或是牛排、羊排,或是鸡肉、鸭肉、海鲜,再加上一些蔬菜。饭后会饮用一杯香浓的咖啡。在饮品方面,新西兰人钟爱啤酒和茶。各色茶馆几乎遍及新西兰各地。新西兰人喜爱烧烤,在夏季,户外烧烤尤其受欢迎。常见的烧烤食物包括牛排、香肠、马铃薯等。

新西兰的特色食品是炸鱼、炸土豆条和巴甫洛娃(Pavlova)甜食。炸鱼的制作方法是将一片或两片鱼肉拌上调味料,裹上面粉,放入油锅炸至焦黄色,炸土豆条也同样是在油锅中炸熟的。巴甫洛娃甜食是新西兰人极为喜爱的一道甜食,用蛋清制作,巧妙融合了奶油和新鲜水果,以俄罗斯著名芭蕾舞演员巴甫洛娃的名字来命名。

(五)非洲主要客源国的饮食习俗

非洲地跨赤道和南极,其地理和气候极具多样性,热带雨林气候、热带沙漠气候、地中海气候等不同的气候类型塑造了非洲独特的自然景观和生态系统。非洲大陆通常被划分为五大地理区域:①北非,包括埃及、利比亚、突尼斯、阿尔及利亚、摩洛哥等国家,这一区域受到阿拉伯文化和伊斯兰教文化的影响,饮食习惯与中东地区相似,食材以小麦、羊肉、橄榄油和各种香料为主。②东非,包括肯尼亚、坦桑尼亚、乌干达等国家,这一区域的饮食文化受到印度洋贸易的影响,食材以海鲜、热带水果,以及来自印度和阿拉伯的香料为主,烹饪手法也受到这些国家的影响。③中非,主要包括刚果民主共和国、加蓬等国家,这一区域是非洲最大的热带雨林气候区,以丰富的热带水果、蔬菜和野生动物为食材,饮食文化多样,受到多种民族文化的影响。④西非,包括尼日利亚、加纳、塞内加尔等国家,这一区域的饮食文化受到历史上的奴隶贸易和欧洲殖民的影响,食材以木薯、玉米、花生、鱼和各种辛辣香料为主。⑤南非,包括南非、津巴布韦等国家,这一区域的饮食文化受到欧洲殖民历史的影响,有着较为西式的饮食习惯,同时,因烹饪时使用各种本土食材和香料,也兼具独特的非洲风味。

1 埃及

埃及横跨亚、非两大洲,大部分领土位于非洲东北部,是典型的"沙漠之国"。居民大多数为阿拉伯人,饮食多种多样,十分丰富,具有浓郁的北非风格和阿拉伯风格。他们通常以"耶素"为主食,"耶素"是一种不用酵母制成的平圆形面包。副食为豌豆、洋葱、萝卜、茄子、番茄、卷心菜、南瓜、土豆等,有时还会加上一些牛肉。埃及人饮食口味较清淡,不喜油腻,爱吃又甜又香的东西。冷菜、带馅的菜、用奶油烧制的菜,以及象征"春天""勃勃生机"的生菜,均很受欢迎。烤羊肉串、烤全羊是他们喜爱的佳肴。

埃及人在正式用餐时,忌用左手取食,忌讳交谈。在他们看来,吃饭时进行交谈是在浪费粮食,尤其是在吃"耶素"时更是如此。进餐时,埃及人多用手取食,在正式场合也用刀、叉和勺子。他们有饭后洗手、饮茶聊天的习惯。

在埃及,不同的宗教节日有不同的宗教食品,例如:在斋月里,要吃焖蚕豆和甜点;在开斋节,要吃鱼干和撒糖的点心;在闻风节,要吃咸鱼、大葱和葱头;在宰牲节,要吃烤羊肉和油烙面饼。大多数埃及人不食用虾、蟹、除肝以外的动物内脏,以及形状奇怪的食物。

埃及菜综合了地中海和中东地区菜肴的特点,大量使用番茄和香料调味。

埃及人喜吃甜食,其中极具代表性的烘烤甜点是"巴克拉瓦"。

埃及人喜欢喝红茶和咖啡。埃及人一般不喝即冲即饮的咖啡,而是将咖啡豆的粉末放入咖啡壶中煮,经过滤后倒入杯中饮用。埃及人有在咖啡馆吃午餐的习惯,常常是买一杯咖啡和几块点心,边吃边喝。在红茶方面,印度人会将印度茶、斯里兰卡茶和中国茶碾成细末后混合,放入茶壶里煮,经过滤后倒入杯中饮用。这种茶色重、味浓、苦涩,须加糖,也有人喜欢加牛奶。

2 南非

南非位于非洲最南端,东、西、南三面濒临印度洋和大西洋。南非的种族繁多,故有"彩虹之国"的称誉。

南非在饮食方面受到原住民,以及荷兰、英国、印度及其他亚洲和欧洲国家的饮食文化的影响,使得南非人的饮食偏好和口味多样化,既保留了传统风味,也有现代创新。在饮食习惯上,南非黑人和白人有各自的特点。南非白人平常以西餐为主,经常吃牛肉、鸡肉、鸡蛋和面包,并且爱喝咖啡、红茶。南非黑人的主食是玉米、薯类、豆类,他们喜欢吃牛肉、羊肉,但一般不吃猪肉,也不喜欢吃鱼。

南非人喜欢香料,饮食口味偏辛辣,同时也享受甜食。他们的饮食中既有传统的非洲风味,也有受到欧洲影响的西式烹饪。鸵鸟肉、鸵鸟蛋和野猪肉是南非菜中极为常见的野味。另外,鳄鱼肉、扒龙虾也颇有特色。南非人非常钟情于户外烧烤,一般以烤肉为主。

南非极为著名的饮料是被称为"南非国饮"的如宝茶(Rooibos)。"如宝茶"意为"健康美容的饮料",是一种独特的天然饮品,原产于南非。它深受南非各界人士的推崇,与钻石、黄金一道,被称为"南非三宝"。如宝茶以其健康益处、独特的口感和无咖啡因的特性受到全球消费者的喜爱。如宝茶完全不含咖啡因,这使其成为那些对咖啡因敏感或希望避免摄入咖啡因的人群的理想选择,在晚上饮用不会引起失眠。这种茶具有天然的甜味,不需要额外添加糖分,含有丰富的抗氧化物质,特别是类黄酮的含量比绿茶高出约50倍。与其他茶叶相比,如宝茶的单宁酸含量极低,不到普通茶叶的10%,因此它的味道不会苦涩,即使长时间浸泡也不会变苦。如宝茶不仅是一种美味的饮品,还具有多种健康益处,如可以帮助改善糖尿病、预防心脏病、保护肝脏、促进消化系统健康、改善腹泻和缓解高血压。此外,在如宝茶中发现的一种名为阿司巴汀(Aspalathin)的独特抗氧化剂,已被证实能有效清除人体内的自由基,具有抗癌功效。如宝茶的使用可以追溯到几个世纪前,当时南非的科伊桑族人将其作为药用植物来治疗多种疾病。直到1904年,一位名为Benjamin Ginsberg的俄罗斯移民意识到了如宝茶的商业潜力,并开始进行贸易。如今,如宝茶已经在全球范围内流行,尤其在德国、荷兰、日本、英国、美国等国家备受欢迎。

世界各地多样的饮食文化丰富了航空餐饮服务的内涵,一个国家或地区美味的食品和独特的饮食风俗是旅途中妙趣横生的"可以品尝的动态景观"。作为飞行旅程中的重要组成部分,航空餐食也在不断地进行改进和创新。航空公司会根据不同航线的目的地或出发地,提供具有当地特色的餐食。例如:飞往亚洲的航班可能会提供寿司、炒菜等亚洲风味菜肴;飞往地中海地区的航班则可能提供希腊沙拉、意大利面等地中海风味美食。这样的安排让旅客在飞行旅途中就能感受目的地的文化,品尝到目的地的风味美食。航空公司要想在竞争激烈的航空市场中获得优势,应在满足不同旅客餐食口味需求的同时,为旅客提供更加丰富和愉悦的飞行体验。

■ 拓展阅读

国航优化欧美航线餐食 推出系列法国列级红酒

为了提升在欧美航线的服务品质,打造世界一流的航空企业,中国国际航空对欧美航线进行了全面的优化调整。航空配餐作为衡量一个航空公司服务品质高低的重要标准,始终是中国国际航空打造优质服务的重要环节。

从2013年起,经过专家挑选及旅客试餐等流程,中国国际航空精选了包括蟹肉小包、三文鱼堡、奶油汁牛扒等数十道精心秘制的经典中西式餐食,按季节在由北京始发至法兰克福、洛杉矶、旧金山等地的欧美航线航班的头等舱、公务舱隆重推出。新餐食注重营养均衡,每道菜品都由知名美食顾问从营养学角度给予建议。此外,中国国际航空提高了餐食配送效率,确保餐食装配时间不超过45分钟,在0—5℃的环境下低温保存,保证餐食新鲜上机。

长久以来,中国国际航空致力于在国际远程航线上为两舱旅客提供精心遴选的优质红酒。中国国际航空通过自有的大师级专业法国品酒团队甄选出了多款极具代表性的法国百年列级红酒,并在由波音777-300ER执飞的欧美航线航班头等舱上推出,全力打造中国国际航空"空中酒窖"子品牌。已经上线的红酒有玛歌-布朗康田百年列级酒庄的2005年份干红和法定产区圣朱利安波菲二级列级酒庄的2006年份干红。其中,于2013年11月开始供应的波菲酒庄的2006年份干红是不可多得的经典佳酿,其酒体呈漂亮的深石榴红色,香气浓郁,新鲜的成熟红色小浆果香味混合着精巧的橡木香,口感醇厚,单宁饱满有力,回味悠长。配以中国国际航空精心制作的冬季养生美食,旅客在万米高空可以有佳肴、美酿相伴,漫漫旅途也能怡然自得。

(资料来源:《国航优化欧美航线餐食 推出系列法国列级红酒》,中国国际航空公司官网,2013年11月8日。)

三、航线主题餐饮创意设计经典案例

（一）我国航空公司航线主题餐饮创意设计经典案例

1　中国国际航空：22款地方面食讲述家乡味道

面条是我国极为常见的传统美食，历史悠久。但是在古时，面不叫"面"，叫"饼"，因面条要在汤里煮熟，故又称为"汤饼"。"汤饼"不仅是家常食物，更是馈赠友人的佳品，代表一份祝福。刘禹锡在《翠微寺有感》中就写道："朱旗迎夏早，凉轩避暑来。汤饼赐都尉，寒冰颁上才。"

2016年，为了在夏季给旅客带来更好的餐饮服务，中国国际航空在7—8月精品航线来回程的航班上，精选了北京、上海、广州、深圳、成都、重庆、杭州7地的22款具有地方特色的精品面食，每一碗面在丰盈两舱旅客味蕾的同时，仿佛也在讲述着家乡的故事。

（1）老北京面条。

盛夏的晚上，老北京的人家在院子里围坐一桌，来上一碗炸酱面或者酱油氽儿面。三伏天，面要过水，去了刚出锅的热乎气儿，吃起来也倍儿筋道。拌上应季的菜码儿——黄瓜丝、水萝卜丝、焯过水的豆芽等，再就几瓣大蒜，齐活儿！老北京的面条虽然可口，但将其配上飞机，不仅要考虑口味和航空餐食的特殊性，更要打造具有中国国际航空特色的餐食文化。经过中国国际航空与其配餐公司的多次优化和改良，在充分体现老北京地方特色饮食习惯的同时，传统美食的味道焕然一新：引入虾仁的鲜香，投入精良的龙虾片食材，成品酱香浓厚、鲜美可口、唇齿留香……

中国国际航空在北京飞往上海、广州、深圳、成都、重庆、杭州的6条精品航线的航班上，为两舱旅客分时段准备了京韵海鲜炸酱面（见图3-1-1）和京韵海鲜拌面（见图3-1-2）。

扫码看彩图
▼

图3-1-1　京韵海鲜炸酱面

图 3-1-2　京韵海鲜拌面

（2）海派冷面。

夏天的上海潮湿而闷热，冷面必然成为上海人餐桌上的主角。一碗淋上花生酱、芝麻酱、醋、酱油、辣油的冷面，其浇头的品种也很丰富，有"三丝"、烤麸、大排……中国国际航空在上海—北京的航班上，分时段为两舱旅客准备了佐以八宝辣酱、四喜烤麸、素炒"三丝"及炸猪排的海派冷面。

（3）广深"猴赛雷"。

广州人爱吃美食已是一个不争的事实，"三茶两饭一夜宵"便概括了广州人一天的饮食习惯。粤菜，作为中国八大菜系之一，精致且应季性强，以清淡为主，营养丰富。其中，极具代表性的竹升面、鱼蛋、广式炸酱面等，都被带上了中国国际航空的航班。

深圳，是一座多元化的移民城市，它包容着来自不同领域、极具特色的佳肴美馔。在这里，鲁菜、川菜、粤菜、江苏菜、闽菜、浙江菜、湘菜、徽菜样样不少，无论多么"挑剔"的食客，都能在这里得到满足。

中国国际航空在广州—北京的航班上，分时段为两舱旅客准备了广式炸酱面（见图 3-1-3）、柱侯酱牛腩汤面、牛筋牛腩粉和潮州鱼蛋粉；在深圳—北京的航班上，为旅客提供杂酱拌面、鲜虾乌冬面（见图 3-1-4）。

图 3-1-3　广式炸酱面

图 3-1-4 鲜虾乌冬面

（4）成都重庆最"巴适"。

炎炎夏日，在飞机客舱中吃上一口松茸鸡丝凉面（见图 3-1-5），凉爽中带着香辣，给人一种舒爽的感觉；抑或是来一碗渝州酸菜海鲜面，配以鲈鱼、虾、滑子菇、虫草花和时令蔬菜，口感清爽，食用后口味大开。

图 3-1-5 松茸鸡丝凉面

成都和重庆，在美食方面一向被认为是"一对相爱相杀的兄弟"。一个是新派川菜，一个是以江湖菜著称的渝味川菜，若您搭乘中国国际航空航班，会更爱哪一个呢？

中国国际航空在成都—北京的航班上，分时段为两舱旅客准备了松茸鸡丝凉面和虫草花老鸭汤煨面；在重庆—北京的航班上，旅客有机会品尝到江城鸡丝凉面、山城双椒虾仁拌面或是渝州酸菜海鲜面。

（5）杭邦老味道。

因南北方的气候差异，历史上有着"北方吃面、南方吃米"的饮食习惯。杭州，作为一座典型的南方城市，却不乏爱吃面的人。追溯历史原因，大概是两宋之际，北方人民大举南迁，建都临安（今杭州），中原的饮食文化也影响了当地的饮食习俗。

中国国际航空在杭州—北京的航班上，为两舱旅客分时段提供东坡肉炸酱面、牛仔骨拌川（见图 3-1-6）、鲍鱼片凉拌面、酸菜牛肉面、海鲜凉拌面和虾爆鳝面。

扫码看彩图

图 3-1-6　牛仔骨拌川

2 海南航空：打造特色美食地图

在海南航空引以为傲的服务产品中，机上餐食可谓极为重要的内容之一。在飞机上喝到美味的椰汁，吃到极具特色的海南鸡饭，是很多旅客认为值得再次选择海南航空和向他人推荐海南航空的理由。海南航空经济舱的海南鸡饭时常被旅客津津乐道，如今更多航线拥有了专属的地域特色菜。2023年海南航空发布了首批5条精品快线——北京往返海口、三亚、广州、深圳、成都，各地出港航班的各个舱位都享有独特美食。经济舱的餐食有香菇肉臊饭/面、黄桃瑞士卷（北京出港航班），海南抱罗粉、斑斓卷（海口出港航班），猪肉酱肠粉、双皮奶（广州出港航班），等等。

为带给旅客全方位的五星级服务体验，在餐食方面，海南航空通过与国内外多家顶级人气餐厅合作，推出精美菜肴，同时打造"特色美食地图"，在从西安、北京、厦门、长沙、广州、成都等城市出港的航线航班的公务舱推出具有浓郁地方风情的特色美食，让旅客在万米高空感受当地特色风味。2022年10月，海南航空在从北京出港的部分航线航班的公务舱配备老北京炸酱面（见图3-1-7）、老北京烤肉、八珍豆腐、酱爆桃仁鸡丁等特色菜肴。如果说南方美食的关键词是"精致"，那么北方美食的关键词一定是"讲究"。而在品类繁多的北京小吃中，老北京炸酱面一定是最"讲究"的。天冷时吃"锅挑儿"热面，天热时吃凉水浸洗沥干的"过水儿"面，配上不同时令的"面码儿"，一碗面便吃出了"四季"。"不时不食"，便是老北京炸酱面的"讲究"。将肉丁及葱姜等放进油锅里煸干油脂后，加入干黄酱、甜面酱小火慢炒，直至炒干水分、呈枣红色，再搭配现煮面条及最适合秋天的"菜码"。家常却不寻常，一碗"接地气"的老北京炸酱面，吃的就是"京范儿"。

图 3-1-7　老北京炸酱面

虽然无法在机上实现传统炙子烤肉的炭火烤制,但精心改良后的老北京烤肉味道仍是一绝。牛肉香味浓郁,肉质细嫩,瘦而不柴,配上盛行于京、津两地的八珍豆腐以及北京传统名菜酱爆鸡丁(见图3-1-8),整个旅途"京味儿"十足。"味道北京"活动擦亮了北京的美食文化名片,云端上的舌尖美食之旅,是味蕾的吸引,更是"家"肴。

图 3-1-8　酱爆鸡丁配八珍豆腐

海南航空在从西安出港的部分航线航班的公务舱配备岐山臊子面(见图3-1-9)、锅盔(见图3-1-10)、乾县豆腐脑(见图3-1-11)、菜盒、八宝辣子等特色菜肴。岐山被称为"陕菜之乡",这里是著名的美食之乡,臊子面、擀面皮、搅团……形形色色的美食满足了人们的味蕾需求,而其中极为著名的便是岐山臊子面了。"舌尖上的非遗"——岐山臊子面,入口柔韧爽滑,被誉为"神来之食",曾被凤凰卫视、中央电视台(美食类纪录片《舌尖上的中国》)等国家媒体专题报道,在旅途中吃一碗酸辣飘香的岐山臊子面,"咥"的不只是"乡味",还能感受到岐山人的祝福。

(a)　　　　　　　　　　(b)

图 3-1-9　岐山臊子面

图 3-1-10　锅盔

图 3-1-11　乾县豆腐脑

一碗臊子鲜香、汤味酸辣、面条筋韧爽口的岐山臊子面,配上"一口香"肉夹馍,最能诠释"喜欢"的表现就是吃光美食。

锅盔是"陕西八大怪"之一,外形似锅盖,以"干、酥、白、香"著称。锅盔的历史可追溯至商周时期,因食用后能带给人较长时间的饱腹感,且携带方便、久放不坏,故成为士兵行军打仗时的干粮。随着时间的推移,人们对锅盔的喜爱度不减反增。如今,在西安人的餐桌上,锅盔仍占有一席之地。

乾县豆腐脑是"乾县四宝"之一,不仅嫩滑爽口,还有很高的营养价值。

以多种原料佐以地方特产——"秦椒"煸炒而成的八宝辣子,口感脆爽,香辣开胃,于清朝时期由宫廷传入市肆。

锅盔、八宝辣子、农家菜盒配上乾县豆腐脑(见图3-1-12),这个早餐,很"西安"。西安,十八座城门见证了历史朝代的更迭,也守住了独属于西安的"味道"。"劝君速吃莫踌躇,看被南风吹作竹。"食之百味,亦如人生百味,海南航空愿与旅客一起"寻"味、"品"味。

(a)　　　　　　　　　　(b)

图 3-1-12　锅盔、八宝辣子、农家菜盒配上乾县豆腐脑

3 厦门航空：巡味八闽，山海同席

从30多年前的初代"网红飞机餐"——榨菜肉丝饭，到近年的"超鸡好呷堡"（"好呷"为闽南方言，意为"好吃"）等经济舱爆款餐食，厦门航空在航空航餐方面发挥稳定。自2021年9月1日起，厦门航空在国内低风险航线航班上全面恢复热食供应，打造了"巡味八闽"系列菜单。两舱旅客可以品尝到厦门面线糊、冬菜肉燕汤、泉州牛肉羹和洋烧排骨等经典福建美味。经济舱旅客可以品尝到厦门炒米粉、腊味饭、虾饼恰巴塔、闽味红烧比目鱼等丰富的乡味餐食。厦门航空在经济舱中还上线了免费的选餐服务，餐品包括匠制卤肉饭、"超鸡好呷堡"、多谷沙丹鸡肉饭、宇治抹茶三明治等。通过这些举措，厦门航空不仅提升了旅客的飞行体验，也推动了地方美食文化的传播与发展，展现了其作为航空公司在文化传承与创新方面的努力与成就。2023年，厦门航空还上新了多款冷萃茶，旅客可以在由厦门、福州、泉州、天津、杭州始发的航班上品尝到。

2022年，厦门航空推出了"山海同席"首套新闽菜风味餐谱，这不仅是对传统闽菜文化的传承，更是在传统闽菜基础上的创新性尝试。福建面临大海、背负群山、大地常绿、四季如春，"茶笋山木之饶遍天下""鱼盐蜃蛤匹富齐青"（《福建通志》），在饮食方面也因得天独厚的"山珍海味"资源形成了独特闽菜文化。"山海同席"餐谱由厦门航空空厨团队主理、闽菜大师吴嵘监制，带给旅客全新的味觉体验。厦门航空空厨走访福建全省，提炼出"山海同席"餐谱，将闽菜以"和醇、香辛、馥郁、甘洌、上清、陈年、厝里"七种味型进行重新梳理定义，通过更为新颖且国际化的诠释，定制经济舱、商务舱菜品，让旅客在透过舷窗俯瞰山海的同时，享受山海孕育的美味，体味一方水土文化。

（1）七种味型的定义与提炼。

"山海同席"餐谱首次将闽菜风味定义为"和醇、香辛、馥郁、甘洌、上清、陈年、厝里"七种味型，每一种味型都代表了闽菜独特的风味特点和文化内涵。这一创新性的提炼，旨在为旅客奉献品质化、年轻化、国际化的闽菜佳肴，同时也让更多年轻食客了解并爱上闽菜。在之后的一年中，厦门航空空厨逐步将七种味型呈现给厦门航空旅客。同时，厦门航空专门设计了"香气、鲜度、醇厚、回味"四个维度来衡量闽菜味型，并设计了每个味型的风味卡，关联大众生活中熟悉的风味印记，在具象化表达味觉的同时，给予旅客关于闽菜的一份"想象索引"，让更多老食客回味闽菜，让更多新食客爱上闽菜。

（2）中西方烹饪手法的创新性融合。

厦门航空空厨团队在福建全省范围内探访名厨，收集归纳了七大闽菜风味，并在此基础上寻找更加国际化的表达方式。这一过程中，该空厨团队不仅延续了闽菜的传统与特色，还通过中西方烹饪手法的创新性融合，为旅客提供超越其期待的机上餐饮体验。

（3）"和醇"风味的率先亮相。

在"山海同席"餐谱中，"和醇"风味作为开篇之作，率先被呈给旅客。这一味型强调食材与风味交融，滋味纯正，香气悠长且具有层次感。"和醇"风味菜品的主料、辅料、调味料能够互相借力，相互渗透，相得益彰。例如，名菜"佛跳墙"便是"和醇"风味的代表，将鲍鱼、海参、花胶等多种珍贵食材融为一体，海有海味，肉有脂香，汤底醇厚，展现了闽菜的独特魅力。为了确保"和醇"风味菜品的品质与风味在高空中得到最大限度的还原，厦门航空空厨

团队对机舱环境、味觉变化等因素进行了综合考量,精选食材,钻研做法。通过这种方式,该空厨团队设计出多款代表菜品,例如:酱油水黄鱼,利用黄鱼和酱油水的双重鲜度形成浓郁的风味;老萝卜煲肋排,萝卜的香气渗入肋排,一荤一素,一浓一淡,相互衬托;香芋封肉,以复合的香味和口感,在不掩盖食材各自本味的前提下,形成丰富的滋味。

(4)传承与创新。

厦门航空自2024年3月18日起,在从厦门、福州、杭州、泉州、天津出发的航班上为旅客带来了全新一季的"山海同席"新闽菜风味餐谱,该餐谱基于食材的味、性、形、初,提炼出"调和""相生""解构""本味"四大主题,以东方哲学视角延续"山海同席"的主题内涵,展现出闽菜对于闽地风物之美的四重演绎。在首轮推出的"调和"主题餐谱中,厦门航空空厨选取山珍海味,为两舱旅客准备了一系列创意新闽菜,如荔枝鸡球、蒜香煎焗鲈鱼、黑松露鹿茸菌煎炒带子、咖喱泉州牛排等,为经济舱旅客准备了番茄鸡肉饭、咖喱鸡块饭等美味餐食,旅客能收获口感层次更丰富、回味更悠长的用餐体验。全新一季的"山海同席"新闽菜风味餐谱以东方之韵,诠释了有味山海。

"山海同席"新闽菜风味餐谱的推出,体现了厦门航空空厨对闽菜文化的传承和创新。通过与闽菜大师吴嵘的合作,厦门航空不但推广了闽菜文化,还为传承和弘扬福建美食文化贡献了力量。吴嵘表示,希望通过双方的合作,让更多人了解并喜爱闽菜,让闽菜文化在广阔的世界舞台上发光发热。通过这次"山海同席"新闽菜风味餐谱的推出,厦门航空不仅为旅客提供了独特的味觉之旅,也为传统闽菜文化的传播与发展开辟了新的道路。厦门航空空厨在坚持传统风味的基础上,对食材与烹饪技法有了更多的思考,在传承与创新之间找出了一条平衡之路,这既体现了对传统的尊重,也展现了对现代餐饮发展趋势的敏锐洞察。未来,厦门航空空厨将继续致力于对闽菜的深入探索,为旅客带来更多精彩的机上餐食体验。

4 四川航空:"一带一路"美食文化之旅和"寻味中国"餐食计划

四川航空为旅客提供了"中国元素·四川味道"特色机上服务,其餐饮、茶点均充满浓郁的蜀地风情,以独特的美食服务在航空业界独树一帜,为旅客带来了别具一格的空中美食体验。四川航空将四川的代表性美食,如四川火锅、回锅肉、冒菜、火锅粉、担担面等带上了航班,让旅客在飞行途中也能品尝到正宗的四川味道。此外,四川航空还提供红糖馒头、烘烤小土豆、小面包等小吃,让旅客的餐食体验更加丰富。

自2017年起,四川航空启动了"一带一路"美食文化之旅,这是一项旨在展示和推广"一带一路"沿线地区特色美食与文化的创新举措。四川是中国古代南方丝绸之路的起点,也是支撑"一带一路"和长江经济带联动发展的核心腹地。作为我国重要的经济大省、旅游大省、文化大省,四川不但历史悠久、风光秀美,还拥有源远流长的饮食文化。川菜作为中国八大菜系之一,以麻、辣、鲜、香闻名,其因"一菜一格""百菜百味"的特点,既受到中国大江南北的人们的喜爱,也颇受国际友人的青睐。四川航空精心发掘"一带一路"沿线地区的美食文化元素,开启美食文化之旅,每月在所有配发正餐的航班上,主推一个"一带一路"沿线地区的特色美食,搭配"中国元素·四川味道"美食,将各式各样的食物元素进行巧妙融合,带给旅客不一样的美食文化之旅。

(1)新疆站。

新疆处于中国古代丝绸之路的中段,独特的地理环境和民族文化使其菜品融合了不同地区和不同民族的饮食口味,因而被四川航空选为"一带一路"美食文化之旅的第一站,其中新疆大盘鸡极为经典、极具特色,深受大众喜欢。新疆大盘鸡配有土豆、洋葱、青椒,在香辣味的基础上又略带一丝甜味;宫保虾球以糊辣味为基础,虾仁"Q弹",花生脆爽。新疆大盘鸡搭配宫保虾球,将新疆菜的香辣味与川菜的经典宫保味相结合,带给旅客独特的味觉享受。除了特色主食,四川航空还提供具有西北特色的饮品——酸甜可口的沙棘汁。要知道,沙棘中维生素C的含量大约是猕猴桃的5倍呢!这种既美味又营养的搭配,足以让旅客切实体会到四川航空的真情服务。为保证机上旅客品尝到新疆大盘鸡的纯正口感,四川航空也是煞费苦心——专门从新疆当地买来大盘鸡,让空厨品尝后,经过反复烹制试验,才调制出最大限度还原其本味的航空版新疆大盘鸡。

(2)海南站。

海南是"一带一路"美食文化之旅的重要一站,独特的地理环境和丰富的海洋资源孕育出了极具地方风情的海南饮食文化。海南鸡饭与火锅海鱼的组合,展现了海南菜的清爽与川菜的麻辣,两种风味完美融合。海南鸡饭是海南著名传统菜肴,以清爽、鲜美而闻名。这道菜以肉质细嫩、滋味鲜美的文昌鸡为主料,搭配特制的酱料和香气四溢的鸡油饭,让人回味无穷。火锅海鱼是海南特色美食,它结合了海鲜的鲜美和四川火锅的麻辣,选用新鲜的海鱼作为主料,搭配四川特色麻辣锅底,鱼肉的鲜美与锅底的香辣完美融合,风味别具一格。海南鸡饭与火锅海鱼在味觉上形成了鲜明的对比,又在一定程度上进行了互补,这种搭配使得旅客在品尝时能够体验到口感从清淡到浓郁的转变,感受到中国美食的多样性和包容性。

(3)广州站。

"一带一路"美食文化之旅在广州站推出咕咾鱼与肉丸麻婆豆腐,这两种风味的完美融合,为旅客带来了全新的美食体验。咕咾鱼是粤菜中的一道经典菜肴,因酸甜可口、外酥里嫩而受到人们的喜爱。这道菜通常选用新鲜的鱼肉,经过精心调味和裹粉后,被油炸至金黄酥脆,再与特制的酸甜酱汁一同翻炒,使得鱼肉外层裹满浓郁的酱汁,内里保留了鱼肉的鲜美。肉丸麻婆豆腐则是川菜中的一道创新菜品,它在传统麻婆豆腐的基础上加入了肉丸,使得口感更加丰富。这道菜的特点是麻辣鲜香,豆腐的嫩滑与肉丸的鲜美相得益彰,同时,麻辣的调味让人回味无穷。将咕咾鱼的甜酸与肉丸麻婆豆腐的麻辣结合在一起,是一次味觉上的大胆尝试。这种创新结合在保留了菜品各自特色的同时,也为旅客带来了层次丰富的口感体验。

(4)哈尔滨站。

在"一带一路"美食文化之旅的哈尔滨站,猪肉炖粉条与酸菜鱼的搭配,巧妙地将东北的家常味道与特色川菜相结合。猪肉炖粉条是东北地区的一道传统家常菜,因简单、实惠、营养丰富而广受欢迎。这道菜选用猪肉和粉条作为主要食材,通过文火炖煮,猪肉鲜嫩入味,粉条吸收了肉汤的精华,口感滑爽,营养丰富。猪肉炖粉条不但味道鲜美,还能带给人很强的饱腹感。酸菜鱼则是川菜中的经典之作,因酸辣爽口、鱼肉鲜美而受到食客们的喜爱。这道菜选用新鲜的鱼肉和自制的酸菜作为主要食材,酸菜的酸爽与鱼肉的鲜嫩相结合,再搭配四川特色辣椒和花椒,整道菜品酸辣适中、鲜香四溢。将猪肉炖粉条与酸菜鱼进行搭配,是一次美食创新尝试,同时展现了东北菜的家常温暖和川菜的特色麻辣。

"一带一路"美食文化之旅是美食与文化的结合。四川航空不但提供美食,还向旅客介绍"一带一路"沿线地区的风土人情和历史文化,让旅客在享受各地美食的同时,也能了解到餐食的文化背景。这种将美食推广与文化推广相结合的服务,既为旅客提供了一场味觉盛宴,也拓宽了他们的视野,促进了不同地区文化的交流。

2023年,四川航空客舱部启动"寻味中国"餐食计划,该计划以四川为首发站,推广四川本土特色产品,如内江威远的花生酥、攀枝花的冻干芒果、宜宾的竹笋等,旨在助力四川文旅资源与本土特色产品推广,丰富航食产品,提升旅客的获得感、满足感。自2023年4月26日起,四川航空在从成都出港的航班上推出"蜀里最美"主题活动,为旅客准备了一系列四川特色美食,包括担担面、宜宾燃面、水煮鱼等经典川菜,烤土豆、烤玉米、黑芝麻糊、酸梅汤等小食和饮品,既让四川旅客感受浓浓家乡味,也让外地旅客品尝正宗巴蜀味。

(二)国外航空公司航线主题餐饮创意设计经典案例

1 法国航空

2023年6月,世界航空大奖颁奖典礼在法国巴黎航展举行。全球航空公司及机场服务评测机构、有"航空界的奥斯卡"之称的SKYTRAX揭晓了2023年世界航空大奖的获得者。法国航空(Air France)在全球排名第七,荣获"世界最佳头等舱机上餐饮奖""世界最佳头等舱航空公司休息室奖""世界最佳头等舱休息室餐饮奖"。

有着悠久美食文化的法国名列世界三大烹饪王国,法国大餐名声在外,法国航空的餐食自然也不失水准。法国航空餐食平均每隔10天就会改变一次菜式,每隔2个月会邀请专人来重新设计其航空餐食。米其林大厨被招至麾下,轮流为从巴黎出发的班机准备餐食菜单,其中传统法国菜与新式创新菜并行,既有红酒鹅肝这样的经典菜肴,也有都柏林港对虾寿司、安康鱼串、辛辣灌肠等创新菜。除了法国美食,法国航空还结合航线目的地特色,融入当地美食元素,设计特色餐食。这样的设计不但让旅客能体验到法国的烹饪艺术,还能让旅客品尝到目的地的特色美食,增加了飞行旅途的乐趣。除了给旅客提供法式菜肴,法国航空还与中国厨师进行合作,为巴黎飞往新加坡,以及中国北京、中国上海、中国广州、中国武汉、中国香港的航班的商务舱及经济舱供应精致中式餐食(有西式套餐和中式套餐两种套餐可供选择),所提供的中国传统美食包括鱼香肉丝、甜椒猪肉等。

秉持"服务至上"理念的法国航空推出了中式美食、日式美食、韩式美食、泰式美食、印度美食和特殊海鲜六种美食。搭乘法国航空从巴黎夏尔·戴高乐机场飞往美国纽约、美国洛杉矶、日本东京、新加坡、中国上海、韩国首尔的所有航班上的两舱旅客将有机会免费从以上新供应的美食中预订一餐个性化主菜。

(1) 法国航空头等舱菜单。

① 泰式美食:柠檬草炒虾、马来椰酱饭、葱炒豆芽、柠檬草小棒、绿咖喱沙司。

② 中式美食:黑椒牛柳、炒糖荚豌豆、红黄柿子椒米饭。

③ 印度美食:鸡肉、小茴香印度香米饭配腰果碎。

④ 韩式美食:石锅拌饭、腌牛肉、绿皮西葫芦、豆芽、香菇、韩国特色菠菜、中国白菜炒饭、辣酱芝麻油炒饭。

⑤ 日式美食:红烧三文鱼、煨胡萝卜、米饭、香菇、蛋卷、照烧酱。

⑥ 特色海鲜:烤鱼片和小黑鲈鱼土豆、蒸小韭菜、嫩萝卜、胡萝卜、贝肉浓汤。

(2)法国航空商务舱菜单。

① 泰式美食:泰式红咖喱鸡、巴旦木饭、花生碎。

② 中式美食:豆豉肉酱、白菜柿子椒、甜豆豉炒饭。

③ 印度美食:咖喱羊肉、柠檬饭、皇家蔬菜。

④ 韩式美食:韩式烤牛肉、酸香蘑菇、红辣椒、米饭。

⑤ 日式美食:照烧三文鱼、煨胡萝卜、日式嫩菠菜米饭、蛋卷、照烧特色海鲜、鳕鱼酱、土豆炒茄子、炒绿皮西葫芦。

2 阿联酋航空

阿联酋航空以其豪华的餐食服务而闻名。在美食杂志《Saveur》的最佳飞机餐评选中,阿联酋航空公司曾连续两年上榜。一向措辞谨慎的评审专家们给出了"无可挑剔"和"眼花缭乱"这两个分量十足的评语。"享受美食是阿联酋旅游体验的重要组成部分,不管你坐的是哪种舱位,阿联酋航空的餐食体验绝对堪称全球最佳,值得来自世界各地的旅行者体验一番。"《Saveur》的评委这样说道。

阿联酋航空非常重视不同民族的旅客的饮食习惯,以从布里斯班飞往新加坡的航班为例,阿联酋航空为旅客准备了亚洲风味的焖炖牛仔骨和新鲜豉汁焗龙虾(见图3-1-13)等当地特色菜肴,十分体贴。

扫码看彩图

图3-1-13 豉汁焗龙虾

阿联酋航空为迪拜—日本航线航班的两舱旅客全新定制了地道的日式料理(见图3-1-14)。头等舱旅客可品尝到经典的怀石料理,包括冷菜、热食、风味米饭、精选蔬菜、味噌汤等。这份全新餐食还配有日本餐具制造商Noritake设计的专用餐具,美食被摆放在专门设计的陶瓷餐具中,其细节中的精致,可见一斑。

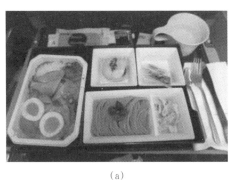
(a)

(b)

扫码看彩图

图 3-1-14　阿联酋航空的日式料理

3 全日空

全日空的航空餐食被誉为"最优秀的机上便餐"。日本人对美食的要求很高,注重细节,全日空两舱餐食的制作和摆盘都很讲究,见图 3-1-15 至图 3-1-18。全日空全航线的飞机餐,由国际知名主厨、酒水品鉴专家组成的"THE CONNOISSEURS"(鉴赏家)团队负责策划。全日空每个月都会推出当季菜单,由行政总厨亲自参与设计,严格规定每一处细节,包括食材搭配、分量掌控、烹调时间、调味料使用、摆盘设计等。全日空目前极具特色且奢华的航空餐食是黑毛和牛与寿司的组合套餐,黑毛和牛以有威士忌的丝滑感而著称,是顶级牛肉食材。

(a)

(b)

(c)

(d)

扫码看彩图

图 3-1-15　全日空精致的客舱餐食

图 3-1-16　全日空北京航线航班的经济舱餐食

图 3-1-17　全日空北京航线航班的豪华经济舱餐食

图 3-1-18　全日空北京航线航班的头等舱餐食

全日空通过提供多样化、地域特色鲜明的航空餐食，既提升了旅客的飞行体验，也展现了其对不同文化的尊重。通过精心设计和不断创新，全日空力求让旅客在飞行过程中享受到融合了目的地文化的美食体验。全日空飞往中国的航班提供中式餐食，主要为一些经典的中华菜肴，如宫保鸡丁、北京烤鸭等，以及中国各种地方特色小吃；飞往法国的航班提供法式餐食，包括法式面包、奶酪、蜗牛、鹅肝等经典法国美食，以及精选的葡萄酒；飞往韩国的航班提供韩式料理，如拌饭、韩式烤牛肉、菜叶包辣猪肉等，此外还有韩式素食可供选择；飞往土耳其的航班提供传统的土耳其美食，如烤肉串、土耳其软糖等，以及世界各地风味美食。

从2008年底开始,全日空对所有从日本出发飞往中国的商务舱餐食进行了重大改革,由著名的日本美食家监制的机上美食隆重登场,如图3-1-19所示。

图3-1-19 全日空北京航线的商务舱餐食

2014年9月的全日空商务舱中式餐食(见图3-1-20)具体包含:

① 凉菜:水晶肴肉、牡丹虾仁、马兰头石榴果、糯米糖莲藕。

② 主菜:夏宫秘制牛脸肉(经典淮扬菜品牛脸肉,配以粤菜秘制酱料,令人食欲大增。牛肉取自牛的面部,肉质筋道,含有丰富的蛋白质,配以土豆、萝卜、马兰头及鲜美的河虾,口感爽滑不腻,能够为旅客补充多种营养元素)。

③ 主食:粟米丝苗饭。

④ 甜品:时令水果。

图3-1-20 全日空商务舱中式餐食(2014年9月)

2014年11月的全日空商务舱中式餐食(见图3-1-21)具体包含:

① 凉菜:凉拌花椰菜、葱油莴笋鸡丝、虾仁。

② 主菜:巴西猪排配蘑菇(选用半肥半瘦的巴西猪里脊,先炸再焖,激发猪肉松软的口感,佐以夏宫秘制甜酸酱,甜香开胃。配菜选用优质鲜蘑菇,配洋葱汁,让旅客在高空享用清爽且健康的餐食)。

③ 主食:粟米丝苗饭。

④ 甜品:芒果布丁。

图 3-1-21　全日空商务舱中式餐食(2014年11月)

4 新加坡航空

在2023年世界航空大奖颁奖典礼上,新加坡航空一举夺魁,获得"世界最佳航空公司"的殊荣。这是新加坡航空在这个有23年历史的奖项中第5次获得年度"世界最佳航空公司"称号。

机上餐食服务是新加坡航空优质服务的重要内容,备受旅客好评。新加坡航空的经济舱餐食是出了名的"经济舱扛把子",新加坡航空也因此被评为"经济舱餐食最好吃的航空公司之一",无论是头等舱还是经济舱,都有可选菜单,菜式一般可选择西式或中式,除了提供各式软饮,还会提供香槟酒和其他酒类。新加坡航空的国际烹饪团队,由来自中国、意大利、法国、澳大利亚等国的7位名厨组成,他们以精湛厨艺和丰富经验,为不同航线航班商务舱、头等舱的旅客及入住套房的旅客打造特色餐食,在从新加坡起飞的航班上,旅客可享用到海南鸡饭、肉骨茶等当地美食,在从东京起飞的航班上,亦有天妇罗乌冬面、寿喜烧等日式风味餐食可供选择,令飞行旅途犹如一场味蕾云游。新加坡航空头舱餐食和经济舱餐食分别见图3-1-22和图3-1-23。

图 3-1-22　新加坡航空头等舱餐食

图 3-1-23　新加坡航空经济舱餐食

为满足不同航线目的地的旅客的需求,新加坡航空精心设计一系列具有地域特色的航空餐饮,为旅客提供独特的美食体验。例如,在往返中国的航班上,头等舱旅客可以体验到全新的中式精致菜肴"名家珍馐"(见图3-1-24)。

图 3-1-24　新加坡航空中式精致菜肴"名家珍馐"

2015年,新加坡航空在部分从新加坡往返于中国的航班上推出套房和头等舱中式餐食"食全时美";2018年,又推出"食全味美"全新菜单,旨在带给旅客健康、营养的餐食,打造高品质的机上飞行体验。"食全味美"餐食是对新鲜时令食材的创造性烹饪,通过时节、食材、时间三要素综合展示中国饮食文化的精髓,不同航线航班的菜品体现了相应的地域特色。商务舱旅客可品尝到以下餐食:中式小食,如葱油金瓜丝、酱香黄瓜等;中式凉菜,如海鲈鱼配角麻豆腐等;主菜,如胡椒萝卜煮牛肋骨、香糟五花肉配菜心等;主食,如米饭、面条等;餐后甜品,如柳橙胖大海、木瓜雪耳露等。

"食全味美"餐食的推出彰显了新加坡航空的创新精神及其对客舱产品和服务质量的精进。新加坡航空希望能够实现在不同地区、不同航线为当地旅客提供富有家乡风味的美食,这项服务在中国、日本、韩国、印度等国都已经开通。

在飞往日本的航班上,新加坡航空提供的日本怀石料理(见图3-1-25),以代表大自然的四种元素——"石、水、木、天"呈现餐点风味。餐点在颜色与外形上，以创新形式体现怀石料理注重和谐的基本原则。

图 3-1-25　新加坡航空的怀石料理

搭乘新加坡航空航班前往新德里、孟买的旅客可以体验由多种印度美食组成的 Shahi Thali 套餐（见图 3-1-26）。Shahi Thali 是印度独特的传统佳肴，由多种著名印度传统美食组成，包括开胃菜、酸辣酱、小菜、米饭、印度烤饼以及经典甜食。Lassi（一种酸奶饮料）和玛夏拉（Masala）红茶将为旅客带来正宗的印度美食体验。

图 3-1-26　Shahi Thali 套餐

■ 知识活页

>> 航空公司与米其林餐厅合作

近年来，航空公司与米其林餐厅的合作日益增多，这一趋势既提升了航空公司的品牌形象，也为旅客带来了更加精致和高端的飞行体验。例如：海南航空与英国伦敦 Alyn Williams at the Westbury 餐厅的米其林大厨埃林·威廉姆斯合作，为航班商务舱旅客设计了一系列创意菜品。厦门航空不仅与上海米其林一星高端闽菜餐厅"遇外滩"的主理人吴嵘合作，为航班头等舱旅客定制闽菜主题菜单，还与上海米其林三星餐厅泰安门的创始人 Stefan Stiller 合作，为航班头等舱旅客提供餐酒服务。那么，怎样的餐厅和厨师才能被称为

"米其林餐厅""米其林大厨"呢?

米其林餐厅和米其林大厨是指那些获得《米其林指南》认可的餐厅和厨师。《米其林指南》是一本由法国轮胎制造商——米其林集团出版的餐厅和酒店的评级指南,它是世界上极为著名和权威的餐饮指南。《米其林指南》的评价体系基于一套严格的评审标准,涉及菜品的质量、菜品的烹饪技艺、菜品的创新水平、菜品的一致性以及性价比等因素。

米其林餐厅根据所获星级的不同,可以分为以下几类:米其林一星餐厅,表示该餐厅提供高质量的料理,值得顺路前往品尝;米其林二星餐厅,表示该餐厅在其领域内的表现出类拔萃,值得特别安排一趟行程前往品尝;米其林三星餐厅,表示该餐厅在全球范围内都是卓越的,有着非凡的烹饪技艺,值得专程前往品尝。

除了星级评定,《米其林指南》还有"必比登推介"(Bib Gourmand)榜单,这个榜单上的餐厅提供高质量的食物和合理的价格,极具性价比。

米其林大厨是指那些在米其林餐厅中担任主厨的厨师。他们通常具有卓越的烹饪技艺和创新能力,能够创造出令人难忘的美食体验。米其林大厨往往在业界享有很高的声誉,他们的烹饪哲学和技艺常常成为同行和美食爱好者讨论和学习的对象。米其林大厨对食材、烹饪方法和摆盘艺术都有着极高的要求,力求为食客提供最佳的用餐体验,并会在职业生涯中不断追求卓越,不断创新和完善他们的菜品。

《米其林指南》的评级对餐厅和厨师的职业生涯有着重要的影响。获得米其林星级可以提升餐厅在全球餐饮界的地位,吸引更多食客和媒体的关注。同时,获评米其林星级也是厨师们职业生涯中的重要里程碑,代表着他们的专业技能和成就得到了国际认可。

总的来说,米其林餐厅和米其林大厨是餐饮界高品质和专业水准的象征,他们的存在既为食客提供了卓越的美食体验,也为整个餐饮行业树立了高标准和榜样。以上海为例,2024年上海有2家米其林三星餐厅,8家米其林二星餐厅,41家米其林一星餐厅。

航空公司与米其林星级餐厅合作有助于提升航空公司的品牌形象,展现其对高品质服务的追求;能够为旅客提供与地面餐厅相媲美的美食体验,使飞行旅程更加愉悦和难忘;能够鼓励航空公司在餐饮服务上进行创新,不断探索和尝试新的菜品和服务方式;部分合作强调可持续餐饮的重要性,推动环保和健康的餐饮理念的传播。

航空公司与米其林餐厅的合作是航空业服务升级的一个重要方向。通过这些合作,航空公司不但能够提供更加丰富和高端的餐饮服务,还能够强化自身的品牌形象,吸引更多追求高品质体验的旅客。同时,这样的合作也为旅客提供了更多的选择和更好的飞行体验,使得航空旅行不单是从一个地点到另一个地点的移动,还是一次全方位的感官享受。随着这种合作模式的不断发展和深化,未来的航空旅行将会变得更加精彩和值得期待。

慎思笃行

"东航那杯茶":抬头是
远方,回首是故乡

任务二　节日主题航空餐饮创意设计

本任务主要介绍了节日主题航空餐饮创意设计的原则和内容，并结合典型案例进行了讲解。

任务目标

了解节日主题航空餐饮创意设计的原则和内容，能够结合我国航空公司已有的成功案例，以某一特定节日为主题进行航空餐饮创意设计。

一、节日主题航空餐饮创意设计原则

（一）考虑文化融合与传承

节日主题航空餐饮设计首先要考虑的是文化的融合与传承。餐饮设计者需要深入了解不同节日的历史背景、文化意义和传统习俗，并将相关文化元素巧妙地融入餐饮设计，如中秋节的月饼和玉兔、春节的饺子和春联等，引入体现文化特色的元素，可以让旅客在飞行过程中感受到节日的氛围，增强对传统文化的认同。

（二）注重旅客体验与心理需求

旅客在飞行过程中，除了希望基本的饮食需求得到满足，还期待能获得温馨、舒适、有特色的旅行体验。餐饮设计者需要从旅客的角度出发，考虑他们的需求和心理期望，通过创意设计提供更加人性化和个性化的服务。例如，通过特色餐具、节日装饰和主题活动等，增加旅客的参与感，加强与旅客之间的互动，让旅客在旅途中享受到与众不同的美食体验。

（三）确保餐饮安全与健康

确保餐饮安全与健康是餐饮设计者应遵循的重要原则。在追求创意和特色的同时，必须确保食品的质量和卫生，避免因食品问题影响旅客的健康和航班的安全。此外，设计餐饮时还应考虑营养均衡，满足不同旅客的饮食需求和偏好。

（四）注重创新与差异化

在激烈的市场竞争中，做到创新和差异化是航空公司脱颖而出的关键。航空公司在设计节日主题航空餐饮时，应不断探索新的食材搭配、烹饪技法和呈现方式，为旅客带来新鲜

的感官体验,同时,还可以结合航空公司的品牌特色和航线特点,打造独一无二的餐饮产品,增强品牌的识别度和影响力。

(五)以具有创意的表现形式体现节日特色

节日主题航空餐饮的创意设计应充分结合节日的特色,通过具有创意的表现形式,如特殊的形状、色彩搭配、主题装饰等,让餐饮本身成为节日氛围的一部分。例如,春节的红色元素、中秋节的月亮形状等,都可以作为餐饮设计的切入点,从而让旅客在视觉和味觉上都能感受到节日的气息。

综上所述,节日主题航空餐饮的创意设计应综合考虑文化融合与传承、旅客体验与心理需求、餐食安全与健康、创新与差异化、节日特色、创意表现形式等多个方面,通过精心设计,为旅客提供独特而难忘的航空餐饮体验,同时也传递出航空公司对文化、健康和创新的重视。

二、节日主题航空餐饮创意设计内容

(一)节日文化元素的融入

节日主题航空餐饮设计的核心在于在餐饮中融入特定节日的文化元素,包括节日的传统食物、色彩、图案、象征意义等方面。例如,航空公司可以在春节提供有着红色装饰和饺子形状的甜点,在中秋节提供各种口味的月饼。通过这种方式,旅客可以在飞行中体验到节日的氛围和文化内涵。

(二)创意菜品的开发

创意菜品的开发是节日主题航空餐饮设计的重要内容。这涉及对传统节日食物的创新演绎,或是结合航空餐饮的特殊条件开发新的菜品。例如,对传统节日食物进行改良,使其更适合在高空食用,或者设计一些易于保存和携带的节日特色小食。

(三)餐具和包装的设计

餐具和包装的设计也是节日主题航空餐饮设计中不可忽视的一环。餐饮设计者可以根据不同节日的特点,设计具有节日特色的餐具和包装,如具有节日色彩的餐盘、纸杯、餐盒等。这些设计不但能够增强节日氛围,还能够提升旅客的用餐体验。

(四)服务流程的优化

节日主题航空餐饮的服务流程也需要进行特别设计和优化,主要包括对乘务员的节日主题服装、节日问候语,以及与节日相关的服务活动等细节进行优化,让旅客感受到更加贴心和专业的服务。

(五)节日氛围的营造

除了餐饮本身,节日氛围的营造也是节日主题航空餐饮设计的重要内容。这可以通过机舱内的装饰、音乐、视频等多种形式来实现。例如,播放与节日相关的视频,或者在机舱内悬挂节日装饰物,都能够起到烘托节日氛围的作用。

(六)互动体验的加强

为了提升旅客的参与感和满意度,节日主题航空餐饮设计还可以考虑加强互动体验。例如,设置节日知识问答、旅客互动游戏等环节,让旅客在享受美食的同时,参与到节日的庆祝活动中。

航空公司通过上述方面的综合考虑和设计,不但能够为旅客提供独特的节日主题航空餐饮服务,还有助于传递企业文化、提升品牌形象。

三、节日主题航空餐饮创意设计典型案例

(一)中国国际航空:"AIR CHINA爱CHINA"国庆专属甜品和主题餐盒

2022年,在国庆假期到来之际,中国国际航空推出了"AIR CHINA爱CHINA"国庆专属甜品,在从北京、上海(虹桥和浦东)、杭州、重庆、天津、武汉出港航班的两舱所有配餐时段、经济舱正餐时段配备,同时在从厦门、兰州等33地出港的部分航班也上线了国庆专属甜品。

此次节日专属甜品选用鲜艳的"中国红"为主色调,营造出浓郁的节日氛围,为中国庆生。相关图片见图3-2-1至图3-2-7。

扫码看彩图

图3-2-1 中国国际航空北京出港航班经济舱专属甜品

扫码看彩图

图3-2-2 中国国际航空上海出港航班两舱专属甜品

图3-2-3　中国国际航空上海出港航班经济舱专属甜品

图3-2-4　中国国际航空杭州出港航班两舱专属甜品

（a）　　　　　　　　　（b）

图3-2-5　中国国际航空杭州出港航班经济舱专属甜品

图3-2-6　中国国际航空重庆出港航班经济舱专属甜品

扫码看彩图

图 3-2-7　中国国际航空国庆暨庆贺版主题餐盒和节日书签

（二）厦门航空："好食光"儿童节特色餐食

厦门航空以高品质的服务和不断创新的餐食设计著称。在 2021 年六一儿童节，厦门航空提供了"好食光"儿童节特色餐食（见图 3-2-8）。

扫码看彩图

图 3-2-8　厦门航空"好食光"儿童节特色餐食

这份儿童节特色餐食的肉松蝴蝶细卷是由厦门传统美食肉松制成的日式细卷饭团，荤素搭配，拼摆出蝴蝶飞舞的梦幻造型，是小朋友无法抗拒的美食。采用比利时纯可可脂巧克力制成的卡通小熊慕斯，以法式甜点的极致手法打造出布朗熊的毛绒感，十分可爱。还有牛角包拼蝴蝶曲奇，迷你牛角包和蝴蝶曲奇选用高品质天然黄油制作，更为健康美味，造型时尚新潮。

（三）中国东方航空：机上德国美食节——九月限定，一起来"嗨啤"

2018 年 9 月 26 日至 28 日 3 天时间里，中国东方航空客舱部在德国法兰克福回程航班 MU220 上推出机上德国美食节，带领旅客领略德式美食风味，重温德国风情。身着巴伐利亚传统服装的德籍乘务员将一道道原汁原味、充满地域特色的德国美食——德国牛膝肉、德式烤香肠、扭结面包、古帝斯啤酒，呈现在旅客面前。平时安静的客舱此时变成了欢乐自由的巴伐利亚,许多旅客端起啤酒杯,大口吃肉,大口喝酒,享受着慕尼黑啤酒节在云端的欢乐延续。

此次入选德国美食节的餐食可谓匠心独具:在餐前面包方面,遴选德国众多面包中极具代表性的扭结面包,深棕发亮的外皮上撒有盐粒,外酥里嫩,劲道十足,还带有纯朴的麦香。在正餐方面,选择德国牛膝肉和德式香肠,牛膝肉味美且营养价值高,经炖煮后肉质细嫩,再配上开胃、助消化的酸菜,以减少肉的油腻感,让每一口餐食都能保持鲜嫩的美味。德式烤香肠外皮香脆,富有嚼劲,搭配佐菜,好吃不腻。在佐餐酒方面,在原有酒类的基础上,通舱增配古帝斯啤酒。古帝斯啤酒香气满溢,口感略带苦涩味,包含温和清淡的小麦白啤、丰厚柔滑的黑啤等,每一款都代表着极为地道的德国风味。

此次机上德国美食节活动获得了旅客的热烈响应。许多旅客表示在离开德国后还能在飞机上吃到如此地道的德国美食,实属惊喜。同时,这也让旅客一改往日对于飞机餐食单一不变的传统印象,很多旅客表示希望此类有特色、有味道、有温度、有关怀的美食活动能够得以延续和复制。

客舱部将持续以公司"国际化发展战略"为指导,加强机上餐饮研发创新能力,持续推进机上餐饮服务优化改进,打造中国东方航空国际化机上餐饮服务特色品牌,实现客户体验升级,助力公司国际化服务的呈现。

(四)四川航空:体现无限创意的节日主题航空餐饮

四川航空在节日主题航空餐饮设计方面,展现了其独特的创意和对旅客需求的深刻理解。例如,四川航空会在情人节为旅客发放巧克力或者阿尔卑斯糖,在六一儿童节发放棒棒糖,在端午节发放粽子,在中秋节发放月饼,在腊八节供应热乎的腊八粥,在春运期间供应腊肉香肠饭,在元宵节供应汤圆。此外,晚间航班还会供应芝麻糊。在茶水方面,会因四季不同而为旅客供应不同的茶水,如秋季供应桂花乌龙茶,夏季供应酸梅汤,冬季供应茉莉花茶或养生红枣茶,春季供应竹叶青。

四川航空在春季推出了"春之味"系列餐食,包括嫩滑的木桶鱼、清新的青菜钵、爽口的青柠莴笋丝、酸辣的辣白菜炒年糕等。这些菜品不但在口味上满足了旅客对春天的期待,还在色彩和口感上带给旅客春天的感觉。

四川航空通过这些创意和细心设计,既为旅客提供了美味的餐食体验,又让旅客在飞行中感受到节日的特别氛围和航空公司的用心。四川航空的节日主题航空餐饮设计既体现了四川航空对旅客需求的关注,也展现了其不断创新和提高服务水平的努力。

■ 慎思笃行

打造蓝天文化空间,中国南方航空航班积极传播中华优秀传统文化

2023年6月,在端午节来临之际,中国南方航空深圳分公司的CZ8735航班组织了一场"与'粽'不同"的空中之旅。分享端午小故事、古诗词接龙、传统文化知识竞答、云端寄思念等活动在客舱中如火如荼地开展。身着汉服的乘务员,还为旅客系五彩绳,祈福纳吉,送去

美好祝愿。当班乘务长张梦喆介绍道，这场别致的空中之旅，是由乘务组策划的以传统文化为主题的航班活动，也是中国南方航空空中服务品牌"木棉佳节"系列活动之一。

据介绍，中国南方航空一直致力于充当提升中国文化传播力、影响力的助推者。通过打造蓝天之上的"文化空间"，把飞机客舱变成"传播中华优秀传统文化、弘扬时代精神"的空中平台。经过多年积累，中国南方航空已经逐步形成了"木棉佳节""空中茶苑""空中课堂"等系列文化宣传品牌。

中国南方航空深圳分公司有关负责人介绍道，中国南方航空不但在国内航班上推广中华优秀传统文化，还始终坚持"飞出去带动走出去"的理念，利用国际航班拓宽中华优秀传统文化的对外传播途径，促进不同文化之间的融合交流。在国际航班上进行中华优秀传统文化推广，不仅极为便利，而且效果良好。在这个流量至上的年代，空中客舱属于难得的可以暂时脱离网络、进行沉浸式学习的场地。"把普通的空中旅途变成一趟中华优秀传统文化的沉浸式学习之旅，把平凡的飞机客舱变成中华优秀传统文化的传播空间。"这已经成为作为中华优秀传统文化传播使者的南航人的内在意识和担当。从以往推广历史来看，国外旅客比较喜欢仪式感较强的中国传统节日，如春节、端午节、中秋节等。一位美国旅客就因参加了一次航班上的端午诗词大会，便成为中国南方航空的常客。

中国南方航空深圳分公司党委书记介绍说，中华优秀传统文化推广是中国南方航空客舱"党建上蓝天"的子项目，今后会持续用好客舱场地，除了继续丰富文化推广形式，还会逐步规范"蓝天党员示范组""空中党建课堂"等项目，争当创造新文化的践行者。

（资料来源：《打造蓝天文化空间，南航中华传统文化主题航班收获旅客"点赞"》，深圳特区报，2023年6月21日。）

知识活页

顺时调和，风土相宜——二十四节气的饮食养生习俗

任务三　航空餐饮服务创意设计

任务描述

本任务介绍了航空餐饮服务创意设计的原则与内容，并整理了我国航空餐饮服务创意设计典型案例。

 **任务目标**

了解航空餐饮服务创意设计的原则,掌握航空餐饮服务创意设计的内容,能够在学习我国航空餐饮服务创意设计典型案例的基础上,为某一航空公司设计航空餐饮服务创意产品。

一、航空餐饮服务创意设计原则

(一)确保食品的卫生与安全

确保安全性是航空餐饮服务的首要原则。这不仅包括食品的卫生安全,还涉及食品处理过程中的交叉污染预防、过敏原管理以及符合国际食品安全标准的操作流程。航空公司需要确保食品从采购、储存、加工到分发的各个环节都严格遵守安全规定,防止出现食物中毒或其他健康风险;确保所有食品的卫生和安全标准符合或高于行业规定,最大限度避免潜在危险,避免使用可能导致旅客受伤的食材,如硬骨、大刺等。

(二)满足旅客多样化需求

旅客需求的多样性要求航空餐饮服务具有高度的适应性。航空公司应提供多样化的菜单选择,考虑航线目的地的文化和饮食习惯,提供多种餐饮选择,包括不同地域的特色菜肴、特殊餐食(如儿童餐、宗教餐、素食餐等)。此外,航空公司还应通过旅客反馈和数据分析,不断优化餐食服务,以更好地满足旅客的期望。

(三)与品牌形象保持一致

航空餐饮服务是航空公司品牌形象的重要组成部分。餐食的设计和服务应与航空公司的品牌定位和价值观保持一致。例如,一家强调高端服务的航空公司可能会提供由名厨设计的精致餐食,而一家专注于环保的航空公司可能会使用以可持续方式生产的食材,并采用环保包装。另外,独特的菜品设计和呈现方式,能够增强航空公司品牌的辨识度和吸引力。

(四)考虑成本效益

在确保食品安全和品质的前提下,航空餐饮服务的设计需要考虑成本效益。这涉及食材采购、库存管理、食品加工和分发的效率。通过优化供应链和生产流程,采用现代化的餐饮管理系统,合理控制食材和制作成本,航空公司可以降低成本,同时提升服务质量。

(五)注重航空餐饮的营养与健康

航空餐饮不仅需要美味,还应注重营养均衡。考虑到飞行可能会对旅客的消化系统产生影响,航空餐饮服务应提供健康、营养的餐食选择,包括提供富含蛋白质、膳食纤维和必要维生素的食物,同时减少高脂肪、高糖、高盐的食物。

(六)创新服务体验

创新服务体验可以提升旅客的满意度和忠诚度。航空公司可以通过引入新技术,如自助点餐系统、AR菜单等,简化用餐流程,根据旅客的反馈和偏好,提供更加个性化和便捷的餐饮服务。同时,通过培训乘务员,航空公司可以提供高质量的面对面服务,提升旅客的用餐体验。

通过遵循这些原则,航空公司可以设计出安全、高质量、具有吸引力的航空餐饮服务,不仅能够满足旅客的需求、提升旅客的飞行体验,还能提升企业品牌形象,进而在激烈的市场竞争中保持领先地位。

二、航空餐饮服务创意设计内容

(一)菜单设计

菜单设计应当考虑旅客的文化背景、地方特色、餐食的健康与营养、食材的季节性等。菜单设计的内容包括:根据不同航线目的地的文化背景,设计具有地方特色的菜单,满足不同国籍和文化背景的旅客的需求;提供营养均衡的餐食选项,注重健康饮食,减少高脂肪、高糖、高盐的食品;根据季节变化调整菜单,引入时令食材,提供新鲜的餐饮产品。

(二)食品呈现

食品呈现涉及食品的视觉美感、创意包装等。航空公司应注重餐食的摆盘艺术,通过精美的摆盘和色彩搭配,利用色彩、形状和装饰提升客舱餐饮的视觉吸引力。

在食品呈现方面,航空公司可以设计独特且实用的餐盒,利用具有艺术性、创意的环保包装,提升航空公司的品牌形象;优先选择以可持续方式生产的食材,支持农业绿色发展和海洋保护;减少一次性塑料餐具的使用,采用可回收或可生物降解的材料制作餐具;通过精确的预订系统和剩餐回收计划,减少食物浪费;根据旅客的偏好和需求提供定制化服务,通过电子菜单或应用程序,让旅客参与餐食选择和预订过程;在特定节日推出主题航空餐饮活动,定期举办机上美食节,邀请知名厨师设计限定菜品,提升旅客的用餐体验。

(三)技术应用

在技术应用方面,航空公司可以利用移动设备和机载系统进行点餐,提高点餐效率和准确性,提供个性化推荐和即时反馈;采用先进的食品保温和冷藏技术,确保餐食在飞行过程中处于最佳储存状态。

(四)环境氛围

在环境氛围方面,航空公司可以根据航线目的地的文化背景或客舱活动主题,设计客舱内部的装饰,营造相应的用餐氛围,并搭配柔和的音乐和适宜的照明,提升旅客的用餐体验。

三、航空餐饮服务创意设计案例

(一) 中国国际航空:"感受廿四节气魅力"

中国国际航空上海浦东国际休息室作为中国国际航空最大单体休息室,每年接待来自星空联盟航空公司的逾60万人次贵宾,优质的服务和高质量的餐饮水准使其在我国航空业居于领先地位。

当常来休息室的旅客向中国国际航空上海浦东国际休息室的工作人员感叹"总想来你们休息室坐坐,让我有种回到家的感觉",甚至在听到外籍旅客用不熟练的中文说"饺子,好!还要一份"的时候,相关工作人员开始思考:能不能将传统美食与中华优秀传统文化相结合?"家"的理念到底是什么?如何利用休息室这一良好的沟通交流平台,将中华优秀传统文化以最直接、最容易被接受的方式展现在旅客面前?如何更好地传承和弘扬中华优秀传统文化?

经过综合评估和精心准备,中国国际航空上海浦东国际休息室于2016年底推出服务创新产品——"感受廿四节气魅力"休息室系列主题餐饮。"春分、夏至、立秋、大寒……"二十四节气是中国人引以为傲的文化瑰宝,在国际气象界更是被誉为"中国的第五大发明"。"廿四节气养生菜"是"感受廿四节气魅力"休息室系列主题餐饮的第一阶段。中国国际航空将节气、美食、诗词、书法融为一体,在每一个节气面向休息室的旅客推出两道与该节气相关的时令菜品,同时在休息室挂置对应的节气牌匾,在休息室接待台布置一些写有节气相关诗句的扇子,营造文化氛围。进入客舱的旅客可以通过一些写有节气相关介绍的明信片等小物件理解节气的文化含义,并将这些小物件留作纪念。通过"廿四节气养生菜"主题餐饮,旅客能获得味觉上的满足、视觉上的享受、心灵上的触动。

经过不断调整和改善,中国国际航空在2017年将"廿四节气养生菜"推广至中国国际航空上海浦东国内休息室,并在2018年将"廿四节气养生菜"升级为"感受廿四节气魅力"休息室系列主题餐饮的第二阶段——"廿四节气养生靓汤",在中国国际航空从上海出港的航班的所有自营的两舱休息室推广。中国国际航空结合不同节气对餐食进行反复推敲,最终确定了二十四节气所对应的靓汤品种,为每一位来到休息室的旅客送上"一碗热汤的温暖"。

旅客的心声一直是中国国际航空公司员工关注的重点,为旅客提供更为周到的服务是中国国际航空公司员工的服务宗旨。中国国际航空上海浦东休息室近年来一直致力于将中华优秀传统文化融入餐饮设计,考虑两舱旅客旅途奔波的辛苦,结合养生理念,即"人与天地相参也,与日月相应也",于2018年,在养生菜品的基础上进行突破,将养生汤品作为主要课题,面向中国国际航空上海浦东休息室推出"廿四节气养生靓汤"服务。

当今工作、生活节奏较快,制作一碗热乎乎的"节气养生汤",从精心选材到用心烹调,从细细品味食材到慢慢感知四季的细腻变化,这些渐渐成为一种"奢侈"。但是在中国国际航空上海浦东休息室所供应的各个节气所对应的靓汤中,旅客能感受到意想不到的"家的温度",中国国际航空愿意为旅客将这种"奢侈"变为一种平常。

中国国际航空通过收集旅客意见、了解原材料特性、组织市场调研等工作，在历经一月有余的研究数据和考量食材后，在休息室餐饮代理的帮助下，综合考虑养生、食疗、口感等方面，经反复推敲、多次修改调整后，最终确定了2018年休息室节气靓汤菜单。

除了保证汤品的口感，休息室的工作人员还从节气文化、中国特色等角度出发，亲自挑选了汤盅、盘碟等餐具，打磨细节，争取在每一个环节都能让旅客感受到中国国际航空的个性化服务和中国文化的博大精深。

除了直观的视觉享受，汤品的介绍及其节气文化内涵的呈现也很重要。中国国际航空精心选择了雅致生动的节气图画，配以节气相关详细解释，图文并茂地告诉旅客每一个节气所对应的自然变化，为每一名旅客介绍由来已久的饮食文化和民俗传统。

中国国际航空还为旅客准备了印有节气文化相关内容的明信片，希望通过这种方式，让旅客在闲暇时静下心来了解中华优秀传统文化，同时以最传统的方式让文化在不同国家间传播，这种纪念方式体现了对中华优秀文化的自觉传承。

中国国际航空是中国唯一一家载国旗飞行的民用航空公司，这既是一份光荣，也是一份责任。稳步向前发展是硬道理，寻求新的突破尤为重要。中国国际航空上海浦东休息室是中国国际航空上海"门户枢纽"的一张名片，建设既能体现中国优秀传统文化又符合国际化发展路线的休息室是中国国际航空的目标，中国国际航空从未停止发展与创新的脚步。

（二）厦门航空："天际茶道"

福建是"21世纪海上丝绸之路"的核心区，又是中国茶文化的发祥地。厦门航空生于福建，长于福建，福建特色早已深烙进厦门航空的品牌基因。厦门航空在通过客舱服务传播中华优秀传统文化的同时，以"服务旅客"为初心，以茶为媒，推出了"天际茶道"特色服务，在进一步提升高端旅客个性化服务体验、拉近服务与旅客距离的同时，形成厦门航空独特的品牌记忆，既让旅客在万米高空感受福建特色和中国茶文化，也让厦门航空空中服务更具文化内涵和品牌价值。

厦门航空"天际茶艺师"候选人需经过多轮严格的选拔、培训和考核，优中选优，在至少获取国家认证中级茶艺师或评茶师资质后，方可参加公司组织的提升内训，在通过理论加实操考核后，获取厦门航空"天际茶艺师"的认证。2020年，厦门航空空中乘务团队已超过400人获得国家相关资质认证，其中120人已获取"天际茶艺师"资格。

2019年11月24日至25日，厦门航空"天际茶道"特色服务在MF802悉尼—厦门的航班和MF808悉尼—福州的航班上正式上线。茶香氤氲在处于万米高空的客舱中，带给旅客优质的品茗体验，让旅客感受中国茶文化的博大精深与隽永。厦门航空"天际茶道"特色服务见图3-3-1。

厦门航空特别采用由曾获得红点设计大奖的国际知名设计师Venia Giota设计、福建当地著名白瓷艺术家陈仁海大师监制的茶器（见图3-3-2），将福建文化特色与厦门航空气质巧妙融合。极具东方文化特色的宣纸代替传统茶席，上书"享天际茶道，品万米茗香"，将中国传统文化中的"诗""书""画""篆"融入服务场景。从乘务员中层层培养选拔出的"天际茶艺师"也登上主题航班，为旅客带来专业茶艺服务。

(a)　　　　　　　　　(b)　　　　　　　　　(c)

图 3-3-1　厦门航空"天际茶道"特色服务（郑鑫/摄）

(a)　　　　　　　　　　　　　(b)

图 3-3-2　茶器（郑鑫/摄）

活动中，"天际茶艺师"以一段茶礼展示为"天际茶道"特色服务开场（见图3-3-3）。紧接着，"天际茶艺师"为旅客逐一奉上精心冲泡的清香茶饮，让旅客在万米高空，品一缕茶香，坐看云卷云舒。待旅客欣赏完优美的茶礼展示、品尝过清香的茶饮后，乘务员会为旅客送上专为此次首发航班准备的礼物——"柿柿如意"茶叶罐（见图3-3-4），以及带有"天际茶道"和厦门航空Logo印记的"菩提滤茶叶"（见图3-3-5）。

主题航班座无虚席，对于航班中的华侨旅客而言，一杯福建茶，就是一味缓解乡愁的良药。还有一些旅客为了体验厦门航空"天际茶道"特色服务，专程购买了厦门航空机票，在体验了相关服务后，盛赞厦门航空乘务员是中国茶文化的传播使者。乘坐主题航班前往中国参加交流活动的澳大利亚少年足球队，在主题航班落地后与乘务组合影留念，表示在航班上获得的相关服务体验激发了他们对中国茶文化的好奇之心。

图 3-3-3　"天际茶艺师"茶礼展示（郑鑫/摄）

图3-3-4 "柿柿如意"茶叶罐(郑鑫/摄)

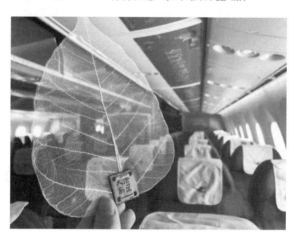

图3-3-5 "菩提滤茶叶"(郑鑫/摄)

"天际茶道"特色服务是厦门航空继"天际酒廊""天际悦读"之后推出的又一厦门航空特色服务。厦门航空对机上茶饮服务进行了全面升级,茶单中不仅包含武夷岩茶、正山小种、安溪铁观音等福建传统茗茶,还有广受旅客喜爱的西湖龙井、茉莉花茶等知名茶品。厦门航空"天际茶道"服务团队不仅对航线机上茶品配备及冲泡标准进行了重新梳理,还特别邀请国家级高级茶艺师专门研究、定制每款茶的冲泡方法,形成"天际茶道"特色服务规范。厦门航空顺应时节定制"天际茶道"特色服务,分别在商务专包机航班、常态航班和特色主题航班等推出不同特色服务,在茶点配备、茶单设计及服务场景设计上实现差异化,满足不同旅客、不同航班的需求,提供既具有差异性又能体现季节特色的服务体验。"天际茶道"服务用品和服务场景设计别出心裁,以旅客的感受为第一角度,通过"闻香"茶产品及"六觉"服务场景,让旅客在飞行旅途中获得关于茶的感官享受。同时,厦门航空还将不同机上特色服务与"天际茶道"结合,针对航班旅客构成打造特殊定制产品、服务。"天际茶道"特色服务场景在为旅客提供茶服务的同时,与旅客进行互动交流,使机上茶文化的呈现与茶道体验更加丰富具体,既为旅客营造了良好的茶文化氛围,又提升了服务质量。

"天际茶道"项目一经发布便获得了行业内外的一致认可,也得到了体验过该项特色服务的旅客的一致好评,在新浪微博、YouTube、民航资源网、民航事等媒体平台上得到了广泛宣传。

民航客舱服务竞争愈发激烈,客舱服务方面的同质化也愈发明显,各航空公司在特色服务方面既要体现差异化,也要紧密结合旅客需求和公司营销等方面进行整体规划。厦门航空"天际茶道"项目的推出,让旅客能够更好地了解茶道,通过切身体验来感受茶的魅力。厦门航空通过"天际茶道"特色服务产品的推广与传播,让更多人关注中国茶文化,同时结合厦门航空空中服务在乘务人员技能、机上茶单、茶用品配备等方面的优势和特色,重点打造符合旅客需求、体现公司特点、满足服务营销要求的特色服务项目,不断提升客舱服务软实力和影响力。后续,厦门航空将不断优化"天际茶道"特色服务流程,并逐步将该项目扩展到其他航线航班上,继续以茶为媒,融合客舱服务与中华优秀传统文化,为厦门航空整体的客舱服务升级、"天际茶道"服务品牌塑造提供有力的支持,为旅客提供更优质的服务,在"一带一路"沿线地区传播中国茶文化,展现中华优秀传统文化的独特魅力。此外,厦门航空也会加快对"天际茶道"相关人才的培养及配套产品的研发升级,进一步扩大该项服务的覆盖面,充分实现该项服务的营销价值。

(三)四川航空:"味道川航,川航味道"

为践行中国民航真情服务,聚焦旅客需求和关切,打破航空餐食传统搭配和设计,满足旅客多元化的口味需求,提升空中服务体验,让旅客在味觉、情感、精神等方面获得满足,四川航空客舱服务部于2016年底启动了"味道川航,川航味道"餐食打造专项工作。

四川航空客舱服务部旨在通过"味道川航,川航味道"餐食打造专项工作,大力践行当代民航精神,积极响应四川省委关于宣传四川文化的号召,深入贯彻四川航空餐食品牌发展思路,持续推进四川航空"中国元素、四川味道"餐食品牌升级工作,让南来北往的旅客在四川航空航班上享受到四川美食及其他地方特色美食,并通过"味道川航,川航味道"餐食产品改变对航空餐食的刻板认识,对四川文化、四川味道、川航味道产生共鸣。四川航空确定了"体系管理创新、产品创新、服务方式创新"三位一体的打造思路,并开展专项课题研究,经过多次调研、反复分析试验,最终确定该项目可行。

1 举措和亮点

(1)举措。

举措一:升级航空餐食管理体系,提升餐食质量。

举措二:创新菜品,立足传统,融入地方特色。对中国地方特色菜品、经典川菜、民间地方小吃进行创新和改良,将中华传统美食文化、巴蜀文化、四川航空企业文化,以及广大民众对食物的情感、精神需求融入航空餐食设计,打造多套系列餐食,形成以四川味道、家乡味道、爱的味道、思念的味道为代表的独具特色的川航味道。

举措三:创新服务方式,以独具特色的餐前广播增强用餐的隆重感、仪式感及人情味。

(2)亮点。

亮点包括:年味系列餐食;以亲情为核心的"川航味道"系列餐食;"'一带一路'美食之旅"系列餐食;"熊猫之路"系列的熊猫特色餐点;"四川味道"系列餐食,以火锅冒菜为经典菜品;"回味民间小吃"系列餐食;"健康伴您行"系列餐食,如健康粗粮等。

2 具体创新内容

升级航空餐食安全质量管理体系,解决了机上餐食质量不稳定的问题。四川航空结合《民用航空运营食品安全管理办法》,升级了原有的航空餐食安全质量管理体系,系统梳理了餐食安全质量管理的要素和运行轨迹,罗列了餐食安全质量管理清单,在"安全、卫生、健康、口味"的基础上升级了"色、香、味、形"等25项评价指标,将餐食原材料新鲜度、油脂热量摄入、搭配营养性和科学性等方面的管理理念贯穿全系列、全链条的餐食安全质量控制,通过日常检查、现场审计、持续抽查等工作的常态化、体系化运行,达到对关键点和关键环节的把控,通过数据分析和利用,达到对品质的保证和对质量偏离的立即识别、立即纠正、迅速改进。四川航空坚持每月现场选餐、菜品每月轮换;在正式推广菜品前确定菜品备选清单,通过实地品尝与打造细节的方式最终确定菜品品种;同时,逐一确认各航食公司的执行情况。

突破限制、持续创新,解决机上餐食品种、口味单一的问题。四川航空通过反复实验,不断调整餐食的原材料及口味,把控呈现细节,把以往大众认为不可能在航班上吃到的特色美食,如火锅冒菜、特色小吃等,送上云端;在充分研究航空餐食特点的基础上,把握重点,控制难点,突破创新,推出"两荤一素双拼米饭"等产品,获得极高的旅客美誉度。

广泛传播中华美食文化,激发旅客共鸣。四川航空紧密结合中国各地的美食特色、时代餐食的新特点,综合考虑旅客的心理和情感需求,以"'一带一路'美食之旅"为载体,将中国地方美食文化、巴蜀文化、川菜文化融入航空餐食服务。2017年,四川航空客舱服务部在"中国元素 四川味道"的基础上设计出"'一带一路'美食之旅"系列餐食,共推出特色菜品30道,新疆、海南、广州、泉州等地的特色美食成为旅客心心念念的"川航明星菜品"。

3 效果和收益

四川航空餐食的社会美誉度不断提高,餐食品牌获得行业和大众认可。

行业认可:2019年,连续6个季度荣获"民航旅客测评"的"机上餐食测评"第一名,机上餐食好评度不断提升,保持了机上餐食在行业内的领先地位。

大众认可:据不完全统计,2017年有超过36家媒体单位对四川航空的机上餐食进行了直接或间接报道(转载)。

引流成效:2017年,四川航空共推出72道独创的"明星特色菜品",根据官方网站、官方微信公众号、官方App的数据统计,四川航空2017年因机上餐食"增粉"24万人。

口碑效应:2017年9月23日,"川航飞机餐"荣登微博热搜榜第一名,多位明星以及微博大V纷纷为川航飞机餐"打Call","航空界的海底捞""舌尖上的川航""每逢川航胖十斤""空着肚子上、扶着腰下"等评语让四川航空飞机餐打破了长期以来大众对"飞机餐等同于'黑暗料理'"的认知,获得2400多万旅客和网友大众的一致好评。

4 总结探讨

四川航空的餐食理念及产品创新打破了传统的航空餐食模式,开启了航空餐食的新时代,美味、健康、多元的餐食理念和人性化、真诚的客舱服务将继续在航空领域延伸。目前,越来越多的航空公司关注到旅客的服务需求,通过提高民航餐食服务水平来推动民航高质量发展,增强人民群众对民航服务的满意度和获得感已成为行业共识。

(四) 奥凯航空:"云端味道"[1]

为旅客提供优质的餐饮服务,是奥凯航空配餐工作不变的初心。为提升旅客用餐感受,奥凯航空从旅客体验出发,从细节入手,陆续推出了"云端味道"系列特色餐食(见图3-3-6),在餐谱内容和保障模式上进行了创新。奥凯航空积极响应民航局对于"民航服务质量体系建设"工作的指导要求,创新机上餐食服务,推出航线特色餐饮服务;根据航线旅客构成、航点地域特色,推出一批具有地方风味、"家乡味道"的机上餐食,让旅客吃到更可口的餐食;突出比较成本优势,加强与配餐单位的沟通合作,分别以地方特色、节日特色、祥云甄选为主题,相继推出客舱服务部好"粥"到、"粽"情过端午、广府粤菜、"红色"南昌、"津"彩盛宴、祥云蜜意过中秋、祥云甄选、舌尖上的年味等系列特色餐谱。

扫码看彩图

图3-3-6 奥凯航空"云端味道"系列特色餐食

1 "云端味道"服务亮点

(1) 精品航线餐食保障。

奥凯航空餐食设计团队根据公司规划的精品航线,制定精品航线餐食保障标准,以提升精品航线餐食品质。例如,奥凯航空在天津—深圳航线(全年)、天津—三亚(冬、春季)航线、天津—成都航线(夏、秋季)实施托盘餐保障。

(2) 建立机上餐食质量评价机制。

奥凯航空汇总、分析旅客的反馈意见,研究、制订餐食质量改进计划,在公司官方微信公众号的"满意度调查表"中,对"餐饮满意度"一项进行细化,增加评测内容。

(3) 差异化配餐。

奥凯航空对差异化配餐可行性方案进行了研究,重点保障旅客对清真餐等特殊机上餐

---

[1] 相关图片由奥凯航空供图。

食的需求。奥凯航空为旅客提供了多种餐食选择,主食有米饭和面条可选,早餐有三明治和汉堡可选,正餐航线有普通餐和清真餐可选,另外,综合考虑地域特点,在西安、西宁、乌鲁木齐等特殊航点保障清真餐供应。

(4)地方特色餐食。

奥凯航空为提升机上餐食服务品质,提高旅客的满意度,经与各配餐公司沟通,在各地出港航班上推出了地方特色餐食,并形成文字及图片素材,通过奥凯航空官方微信公众号、机上杂志,以及民航资源网、中国民航网等行业知名网站,对奥凯航空机上餐食进行宣传,提升奥凯航空客舱餐食的口碑。

(5)节日特色餐食。

奥凯航空为增加客舱的人文内涵,结合中国传统节日,制订配餐计划,丰富机上餐食供应内容。每逢佳节,奥凯航空客舱会配备节日餐食,如在中秋节配备月饼、在春节配备水饺、在端午节配备粽子等,同时还会对客舱进行主题布置,让旅客感受到浓浓的节日氛围。

(6)主题餐盒。

奥凯航空为提升客舱餐食整体效果,设计了以"祥云相伴 真情相随"为主题的奥凯航空餐食专用餐盒,并在从天津、长沙、西安出港的航班上投入使用。

2 "云端味道"服务实施内容

(1)客舱服务部好"粥"到(见图3-3-7)。

2018年,奥凯航空开通三亚—杭州、三亚—温州新航线,其客舱控制室与三亚汉莎航空食品有限公司共同探索、研制出了多套创新搭配、营养美味的特色餐谱,旨在为旅客带来不一样的机上餐食体验。

图3-3-7 客舱服务部好"粥"到

(2)"粽"情过端午(见图3-3-8)。

为增加机上节日气氛,奥凯航空客舱联合多地航食单位,在客舱内推出端午节日特色食品。端午节当天,奥凯航空在从天津、长沙、西安、三亚、乌鲁木齐、温州、深圳、南通、厦门、福州等地出港的航班上为旅客配备了香甜的粽子,让旅客在欣赏云端美景的同时,品味端午香粽,在万米高空感受浓浓的奥凯情。

图 3-3-8 "粽"情过端午

（3）广府粤菜（见图 3-3-9）。

在充满朝气、万物生长的五月，奥凯航空的地方特色餐食又添新品。在与深圳航空食品有限公司的共同努力下，奥凯航空研制出全新特色餐谱，用新鲜食材烹调出粤式经典味道，如虫草花鸡汤、南岭焖鸭脯、萝卜牛腩、鸡肉炸酱陈村粉等。自2018年5月20日起，奥凯航空在深圳出港飞往天津的BK2946、BK2778、BK2860、BK3104航班上为旅客呈现经典粤菜。

图 3-3-9 广府粤菜（南岭焖鸭脯）

（4）"红色"南昌（见图 3-3-10）。

自2018年1月18日起，奥凯航空在BK2747（南昌—三亚）、BK2748（南昌—天津）、BK2799（南昌—济南）、BK2800（南昌—桂林）、BK2934（南昌—西安）航班上推出"红色"南昌系列餐谱，旅客能享用到井冈山烟笋、南昌炒米粉、兴国粉蒸肉、红根鸡块等饱含地方特色的餐食。南昌地处长江以南，水陆交通发达，有着"襟三江而带五湖"的美誉，是中国红色革命圣地，在这样的背景下自然孕育出了各式美食，独具南昌风味。

图 3-3-10 "红色"南昌（菌菇捞饭）

(5)"津"彩盛宴。

为提升餐食品质,提高旅客对机上餐饮服务的满意度,2018年,在天津空港配餐有限公司的大力支持下,奥凯航空对从天津出港的航班的餐食进行了优化调整,在生产工艺、原材料选择、餐谱搭配等方面均有改进。奥凯航空特选取12月10日的BK2727(天津—三亚)精品航班,邀请天津空港配餐有限公司的行政总厨为搭乘此航班的旅客带来非凡的"津"彩美食体验。

(6)祥云蜜意过中秋(见图3-3-11)。

中秋节当日,奥凯航空客舱联合多地航食单位,为旅客朋友和机组人员备好象征团圆的月饼,在从天津、长沙、西安、南宁、三亚、乌鲁木齐、温州、深圳、南通、福州、南京、桂林、哈尔滨、泉州、成都等地出港的航班上均有提供。

图3-3-11 祥云蜜意过中秋(广式月饼)

(7)祥云甄选(见图3-3-12)。

自2018年9月13日起,奥凯航空在BK3103(天津—深圳)航班上为旅客准备了居欧洲三大美食之首的鹅肝酱,此举获得了旅客的交口称赞。奥凯航空用热情烹制美味,关怀旅客的味蕾,为旅客奉上赤诚匠心。

图3-3-12 祥云甄选(鹅肝酱)

(8)舌尖上的年味(见图3-3-13)。

饺子是中国民间的一种传统美食,深受中国老百姓的喜爱。在大年三十、正月初一,奥凯航空客舱为旅客精心准备了春节特色餐食——饺子,在从天津、长沙、西安、南宁、三亚、深圳、哈尔滨、广州、福州、成都等地出港的航班上均有提供。

扫码看彩图

图 3-3-13　舌尖上的年味（饺子）

项目小结

本项目详细介绍了我国各个地区和主要客源国的饮食文化、习俗和口味偏好，并整理分析了国内外航空公司的航空餐饮在航线主题、节日主题以及服务体系方面的创新案例。

项目训练

线上答题

项目三

项目四　客舱餐饮服务

项目描述

本项目主要介绍了客舱餐食的类别和供餐标准、客舱酒水的基本知识和服务内容、客舱餐饮服务流程和服务标准。

项目目标

○ **知识目标**

(1) 了解客舱餐食的类别和供餐标准。

(2) 识记客舱酒水的基本知识和服务内容。

(3) 理解并掌握客舱餐饮服务流程和服务标准。

○ **能力目标**

(1) 能根据不同航线航程提供相应餐饮服务。

(2) 能够在经济舱提供标准化餐饮服务。

(3) 能够在商务舱、头等舱为旅客提供订餐服务、调酒服务、茶饮服务等各类餐饮服务，提高旅客满意度和获得感。

○ **素养目标**

(1) 通过对工作流程中的细节把控，增强职业责任感和自豪感。

(2) 通过对服务流程的不断优化和完善，理解客舱服务是技能与艺术的呈现，树立精益求精的工匠精神。

(3) 通过提升专业知识和服务技能，以更加专业的态度和更高标准为旅客提供服务，增强服务意识。

知识导图

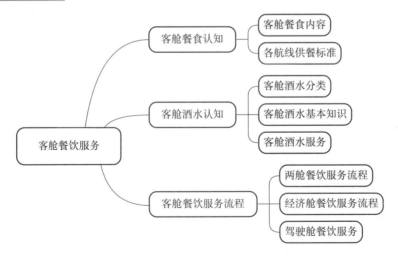

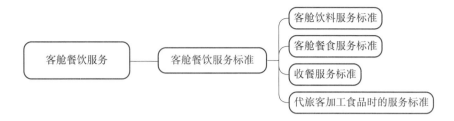

中国东方航空客舱：以爱心、暖心、匠心实现服务创新

近日，搭乘中国东方航空京沪航线航班的两舱旅客在用餐时发现，原本的大号餐盘"瘦身"为中国东方航空以往在国际远程航线两舱使用的、以精巧美观著称的罗森塔尔瓷盘。这一变化体现了中国东方航空近期在客舱服务中精准开展的、贴合旅客实际需求的服务创新。

一、兼顾安全与服务，餐盘之变与提前打包

根据民航规章要求，在航班起飞、降落阶段，乘务员不能从事与安全无关的工作。规定本身能够更好地确保航程安全，但有限的航班时间里，也可能产生机上送餐、旅客用餐时间不足的情形，兼顾旅客服务体验与旅客安全成为较突出的难点。这在两舱旅客人数众多、送餐需要较长时间的京沪航线上，更是挑战。

中国东方航空客舱部业务管理部总经理徐婧告诉记者，几经梳理服务流程，并积极听取一线乘务员意见后，中国东方航空客舱部把优化的方向转向餐具：中国东方航空两舱正餐使用的餐盘尺寸较大，虽然摆放大气，但塞不进餐车，需要乘务员将餐食一份份从服务舱端出、送给旅客。在一般航线航班的两舱，这种模式没有问题，但对于两舱旅客集中、飞行时间又不是特别长的京沪航线，就可能出现送餐时间拉长，乘务员特别忙碌，旅客还容易觉得自己就餐比较仓促的情况。而在国际远程航线航班投入使用的同样高水准的罗森塔尔瓷盘则可以放进餐车，仅需一次推出，便能为所有两舱旅客送餐，大大提升了效率，摆盘效果也很出色……中国东方航空很快便将该创意落地实施。

优化送餐流程，既能让旅客吃得更从容，也能更好地兼顾安全与服务创新。这项创意不仅在中国东方航空两舱推出，也在经济舱亮相。

客舱乘务员送餐时，可能会遇到有些旅客恰好在小睡的情况，自然不宜叫醒这些旅客。但待到他们醒来时，可能也临近航班落地时间，这时候即使乘务员赶紧端来餐食托盘，旅客也未必能在客舱广播要求"收起小桌板"前从容吃完。因此，中国东方航空近期在客舱送餐时，完善了提前打包的服务模式；一旦发现临近航班下降而有的旅客仍然小睡未醒时，乘务员就会将把餐食放入打包袋，同时在旅客面前的头片上贴上标识航班已经送过餐的提醒贴纸，既方便旅客醒来后按呼唤铃、拿到打包的餐食，也方便旅客根据实际需要用餐。

二、生日蛋糕为旅客添惊喜，真情相助为客舱添温度

"就在飞机分完餐的时候，一位美丽的空姐突然对我说'今天是您的生日，我们准备了一张贺卡，祝您生日快乐'。"前些天，中国东方航空旅客叶女士在微博上秀出了自己在万米高空收到的生日惊喜：中国东方航空送上的生日贺卡和生日蛋糕。

多年来，为航班上恰逢生日的旅客送上问候，已经是中国东方航空客舱服务的标准流程之一。而在今年，中国东方航空为各条商务快线航班统一增配了专门设计的生日蛋糕和生日贺卡，不少心灵手巧的乘务员还会主动在贺卡上手绘祝福，将这份惊喜传递给越来越多南来北往的旅客。

对于多数中国东方航空旅客来说，虽然未必能恰好在万米高空尝到生日蛋糕，但同样会在中国东方航空的客舱服务中收获温暖。

在2021年初的一班从纽约飞往上海的回国航班上，一对不会用智能手机的八旬老夫妇向客舱乘务组求助，乘务员们耐心地为这对夫妇——说明，还为他们写下回国后的注意事项。"这组年轻人真的好棒，虽然我有老花眼，但也要提笔为他们'点赞'。"这位深受触动的老妇人写下纸条为乘务组"点赞"。在航班上，乘务员用手写卡片服务聋哑旅客，"宝妈""宝爸"乘务员协助初为人父人母的年轻旅客照顾好小宝宝……这些是客舱里频频出现的场景。

这些有温度的服务背后，有着相应的资源支持。《特殊旅客服务规范》、客舱服务的沟通话术指南、可以及时联系团队与接收目的地防疫要求的MUC通信软件、能在平板电脑上随时学习最新服务技能和收集最新工作要求的"百读"软件……中国东方航空客舱团队不断推出培训材料，在为乘务组提供专业、精准的指导同时，也让乘务员不断浸润"做一名积极温暖的客舱人"的团队文化，并最终落实为传递给旅客的温暖和惊喜。

如今，中国东方航空客舱部仍在持续打磨"三精"（精准、精致、精细）服务品牌，完善"三心"（爱心、暖心、匠心）服务传递，落实"三净（静）"（安静客舱、清净服务舱、干净洗手间）质量标准，持续实现疫情防护与优质服务的齐头并进。

（资料来源：《东航客舱：以爱心暖心匠心实现服务创新》，中国民航网，2021年12月29日。）

任务一　客舱餐食认知

任务描述

本任务对客舱餐食进行了详细、全面的介绍，包括客舱内的正餐、早餐、便餐、点心等餐食内容，以及各航线发放餐食的标准。

 任务目标

了解客舱餐食的内容和分类,熟悉各时段所提供的客舱餐食的内容,掌握各航线客舱的供餐标准。

一、客舱餐食内容

经济舱中常见的餐食种类有正餐、早餐、热便餐、点心餐等。

与经济舱相比,头等舱、商务舱的餐食菜式更加丰富,航空公司也会根据不同的航线来提供头等舱、商务舱的餐食。目前,大部分航空公司的头等舱、商务舱餐食包括餐前小食、头盘、主菜、餐后甜点和水果等,还有一些航空公司会提供不同种类的酒水、汤。头盘除了西式餐食,也可以提供寿司等具有特色的食物。我国航空公司在国内航线航班上的主食多为中餐,有时也会搭配西餐或其他国家和地区的特色餐食。

航空公司的经济舱一般使用由一次性的纸盒、锡纸制成的餐盒,而头等舱、商务舱使用的餐盒一般是质量较好的塑料制品,有些航空公司还会使用瓷质器皿、玻璃器皿、水晶器皿、金银器皿等作为餐盒,给旅客带来不一样的用餐体验。除此之外,桌布、餐巾、装饰物等一系列用品和配饰与美食的搭配也非常重要。

二、各航线供餐标准

(一) 按餐食类别划分

(1) 正餐(DNR),包括午餐(LCH)和晚餐(SPR)。

(2) 早餐(BRF),一般在早上9点前起飞的航班上供应。

(3) 点心餐(REF),一般在非正餐时段供应。

(二) 按供应的时间划分

(1) 早餐,06:30—09:00。

(2) 午餐,10:30—13:30。

(3) 晚餐,16:30—19:30。

航空公司会按照不同航线和航程进行配餐。正常情况下,如果航班遇到午餐、晚餐时间,且飞行时间在一个半小时以上的,航空公司一般会给旅客发放正餐、热便餐等;如果飞行时间在一个半小时以内,航空公司一般会给旅客分发点心餐、果仁、汉堡、三明治等。

任务二 客舱酒水认知

 任务描述

本任务主要对客舱酒水进行详细、全面的介绍,包括不含酒精的饮料的基础知识和服务要点,含酒精的饮料的基础知识和服务要点。

 任务目标

了解客舱酒水的基本知识及服务要点,掌握客舱酒水服务的内容和注意事项。

 **一、客舱酒水分类**

客舱酒水按照饮用时的温度,可以分为热饮和冷饮,热饮包括温水、茶、咖啡等,冷饮(含常温)包括矿泉水、碳酸饮料、果汁、含酒精的饮料等。

客舱酒水按照是否含酒精,可以分为不含酒精的饮料和含酒精的饮料。不含酒精的饮料包括矿泉水、果汁、碳酸饮料、茶、咖啡等,含酒精的饮料包括白酒、葡萄酒、啤酒、鸡尾酒等。

 **二、客舱酒水基本知识**

(一)矿泉水

矿泉水按气味,可分为淡味矿泉水和咸味矿泉水两种;按是否含气,可分为有气矿泉水和无气矿泉水两种。通常在为旅客提供矿泉水时,除非旅客要求,否则不要主动为其加冰。不同航空公司会根据自己的服务标准和合作协议选择不同的矿泉水品牌作为客舱用水。客舱内常见的矿泉水有大瓶矿泉水(1.5升)和小瓶矿泉水(300毫升)两种类型,短航线无客舱酒水服务时,可为每位旅客提供一小瓶矿泉水。

(二)果汁

客舱内常见的果汁有菠萝汁、橙汁、苹果汁、梨汁、番茄汁、西柚汁、椰子汁、芒果汁等。其中,菠萝汁含糖量低;橙汁富含维生素C,有助于增强人体免疫力,适合大多数人群,尤其是需要提高免疫力的人群;苹果汁含有膳食纤维和多种微量元素,有助于人体消化和维持心血管健康,适合希望改善消化系统和心脏健康的人群;梨汁具有润肺清燥、止咳化痰的功

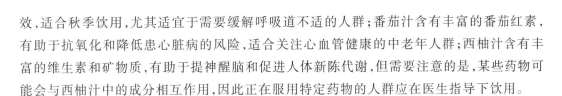

效,适合秋季饮用,尤其适宜于需要缓解呼吸道不适的人群;番茄汁含有丰富的番茄红素,有助于抗氧化和降低心脏病的风险,适合关注心血管健康的中老年人群;西柚汁含有丰富的维生素和矿物质,有助于提神醒脑和促进人体新陈代谢,但需要注意的是,某些药物可能会与西柚汁中的成分相互作用,因此正在服用特定药物的人群应在医生指导下饮用。

乘务员为旅客提供果汁时应注意以下几点:

① 开启果汁前需要在服务间内摇晃数次,防止瓶内底部果肉堆积,切记不可在客舱内摇晃。

② 有锡纸保护的果汁,需要在服务间内提前揭开其锡纸层。

③ 开启后的果汁,保存时间不宜过长。

④ 在为旅客提供果汁时,可根据旅客的需要添加冰块。

(三) 碳酸饮料

碳酸饮料是一类在液体中充入二氧化碳的饮品,种类繁多。航班上为旅客提供的带气饮料通常有以下几种。

❶ 果汁型碳酸饮料

果汁型碳酸饮料含有不低于2.5%的果汁,如橘汁汽水、橙汁汽水、菠萝汁汽水等。它们通常含有天然的果香和维生素,适合大多数人群饮用,尤其是喜欢果味饮品的人群。

❷ 可乐型碳酸饮料

可乐型碳酸饮料含有焦糖色和可乐香精,如可口可乐、百事可乐等。这类饮料口感独特,含有一定的咖啡因,适合大多数人群饮用,但需注意控制摄入量,尤其是对于需要限制糖分摄入的人群。

❸ 低热量型碳酸饮料

低热量型碳酸饮料使用甜味剂代替全部或部分糖分,如无糖可乐、苏打水等,适合关注体重管理或需要控制糖分摄入的人群。

❹ 风味型碳酸饮料

风味型碳酸饮料添加了特定的风味(如香草、柠檬、姜等),适合追求特定口味体验的人群。

❺ 运动型碳酸饮料

运动型碳酸饮料专为运动或参与体力活动的人群设计,含有电解质和糖分,能为在运动后或大量出汗后的人群补充能量和电解质。

❻ 功能性碳酸饮料

功能性碳酸饮料添加了维生素、矿物质、氨基酸等功能性成分,适合需要额外补充能量或特定营养成分的人群。

虽然碳酸饮料口感清爽,但过量饮用可能对人体健康产生不利影响,如导致肥胖、牙齿腐蚀、血糖升高等问题。特别是儿童、老人、糖尿病患者、肥胖人群以及需要控制咖啡因摄入的人群，应适量饮用碳酸饮料，或选择低糖、无糖的碳酸饮料。此外，对于有特定健康问题的人群，最好根据医生或营养师的建议选择适合的饮品。

乘务员为旅客提供碳酸饮料时应注意以下几点：

① 在服务间进行准备工作时，需要打开餐车上所有的饮料。

② 不要摔撞碳酸饮料瓶体，打开碳酸饮料前不可摇晃。

③ 打开碳酸饮料时可以借助小毛巾，避免摇晃瓶体或过早打开，以免气泡大量外溢。

④ 倾倒碳酸饮料时，杯子需倾斜约45度，防止液体在倒的过程中产生大量气泡。

⑤ 每倒好一杯，要及时盖上碳酸饮料的瓶盖，以免碳酸饮料中的气体大量挥发，影响口感。

⑥ 对于婴幼儿旅客、老年旅客等，不要主动提供碳酸饮料。

⑦ 向旅客提供碳酸饮料时，应主动询问是否需要加冰块，若需要加冰块，应先加冰块再倒饮料。

（四）茶

茶文化作为中华优秀传统文化的重要组成部分，有着数千年的历史。茶是中国人日常生活中不可或缺的饮品，也是中华民族社交和展示礼仪的重要媒介。中国茶叶种类繁多，根据制作工艺和发酵程度的不同，主要分为六大类：绿茶、红茶、乌龙茶、白茶、黄茶和黑茶。

① 绿茶

绿茶是未经发酵的茶叶，保留了茶叶的绿色和天然成分（如茶多酚、维生素C等）。绿茶具有清新的口感和较高的保健价值，适合大多数人群，适合夏季饮用。名优绿茶如西湖龙井、碧螺春、信阳毛尖、黄山毛峰等。

② 红茶

红茶是完全发酵的茶叶，具有鲜明的红色茶汤和叶底，口感醇厚，香气浓郁。红茶性温，适合冬季饮用。名优红茶如正山小种、坦洋工夫、祁门红茶、滇红、川红等。

③ 乌龙茶

乌龙茶是半发酵茶，介于绿茶与红茶之间，具有独特的果香和花香。乌龙茶有助于消食去腻，适合秋季饮用。名优乌龙茶如武夷岩茶、铁观音、凤凰单丛等。

④ 白茶

白茶是微发酵茶，以精简的制作工艺和自然口感闻名。白茶具有独特的毫香，既可以清饮也可以混饮。名优白茶如白毫银针、白牡丹等。

⑤ 黄茶

黄茶是轻发酵茶，口感柔和。黄茶制作过程中的"黄化"处理，使得茶叶呈现黄色。名优黄茶如君山银针等。

❻ 黑茶

黑茶是后发酵茶,包括普洱茶等,具有独特的陈香和绵柔口感,有助于消食去腻,适合长期饮用。对于爱好陈香、醇厚口感的人群而言,黑茶是极佳选择。

不同地区的人们对茶的喜好存在差异。北方地区偏好花茶,而南方地区则倾向于绿茶和乌龙茶。此外,不同地区的饮茶方式也有所不同,北方多用大碗、茶壶、茶杯冲泡茶叶,南方多用工夫茶具冲泡茶叶。

航班上提供的茶通常有红茶、花茶、绿茶、乌龙茶、普洱茶等,一般为袋泡茶。以下介绍提供红茶和花茶时的操作要点。①提供红茶:泡红茶时,乘务员应先倒水再放茶包,沏好后立即送出。若旅客需要奶茶,则在沏好的红茶中加入牛奶即可。在沏好的红茶中加入柠檬片,便制成柠檬茶。若旅客要求加糖和柠檬片,乘务员应将糖和柠檬片放在杯盘上,不要直接加入杯中。需要注意的是,奶茶中不能加入柠檬片,以免产生结块反应,影响口感。②提供花茶:泡花茶时,乘务员应先将一包茶叶放入茶壶中,注入开水至五成满,泡一会儿后,再注入开水至七成满,即可送出。花茶冲泡次数不宜过多,两次为宜,温度和浓度均要适中。

需要注意的是,孕妇、有溃疡的病人、动脉硬化者、睡眠障碍患者、发烧者等不宜喝茶。此外,乘务员在开启茶包前,需要检查茶叶的生产日期和保质期,确认没有过期后方可使用。

(五)咖啡

咖啡是一种由烘焙咖啡豆制成的饮料,是全球消费量极大的饮品之一。咖啡的起源地可以追溯到9世纪的埃塞俄比亚,而现代意义上的咖啡文化则是在15世纪的阿拉伯半岛开始兴起的。随着时间的推移,咖啡传播到世界各地,咖啡文化成为许多国家和地区文化的重要组成部分。

咖啡树是热带植物,主要生长在赤道附近的国家,如巴西、哥伦比亚、埃塞俄比亚、越南、印度尼西亚等。咖啡豆是咖啡树所结果实的种子,经过采摘、处理(水洗或日晒)、干燥、筛选、烘焙、研磨等一系列工艺流程后,才能用于冲泡咖啡。

咖啡豆的烘焙程度不同,其风味和口感也存在差异。浅烘焙的咖啡豆具有酸度较高、果香明显的特点;中度烘焙的咖啡豆则酸度和苦味较为平衡;深度烘焙的咖啡豆通常具有较强的苦味和焦香。咖啡的冲泡方法多种多样,包括滴漏、手冲、意式浓缩、法压壶、摩卡壶等,每种冲泡方法都能带来不同的口感体验。根据制作方法、添加物和口味特点的不同,咖啡可以分为以下几类。

❶ 意式浓缩(Espresso)

意式浓缩是一种浓郁的黑咖啡,是许多咖啡饮品的基础,通过高压迅速萃取咖啡精华,制成的咖啡浓郁且层次分明,适合那些喜欢强烈咖啡风味和寻求快速提神效果的人群。

❷ 美式咖啡(Americano)

美式咖啡由意式浓缩加热水制成,口味较淡,咖啡因含量较高,适合喜欢清淡口味且需要较长时间保持清醒的人群。

③ 拿铁（Caffè Latte）

在意式浓缩中加入经蒸汽加热后的牛奶，便制成口感顺滑、奶香浓郁的拿铁，适合喜欢奶味且偏好较温和咖啡味的人群。

④ 卡布奇诺（Cappuccino）

卡布奇诺由意式浓缩、经蒸汽加热后的牛奶和奶泡组成，口感丰富，适合喜欢奶泡口感和平衡咖啡味的人群。

⑤ 摩卡（Caffè Mocha）

在拿铁的基础上加入巧克力糖浆便制成摩卡，甜而不腻，适合喜欢甜味咖啡和巧克力风味的人群。

⑥ 焦糖玛奇朵（Caramel Macchiato）

在玛奇朵的基础上加入焦糖便制成焦糖玛奇朵，口感甜蜜，适合喜欢甜品和寻求舒适感的人群。

⑦ 冰滴咖啡（Cold Brew）

冰滴咖啡是指通过长时间低温浸泡咖啡粉制成的咖啡，口味较酸，口感顺滑，适合偏好冷饮的人群。

⑧ 速溶咖啡

速溶咖啡是方便快捷的咖啡饮品，由干燥咖啡提取物制成，适合忙碌或需要快速冲泡咖啡的人群。

咖啡含有咖啡因，有助于提高注意力和警觉性。有研究显示适量饮用咖啡对心血管健康有益，而过量饮用咖啡也可能导致失眠、焦虑等不良反应，因此建议适量饮用。某些特定人群，如孕妇、哺乳期妇女、儿童和青少年、睡眠障碍患者、心律失常患者、高血压患者等，应限制或避免饮用咖啡。

航班上提供的咖啡一般为速溶咖啡，包括加奶咖啡、黑咖啡（不加奶、咖啡伴侣和糖的咖啡）、甜咖啡（加糖咖啡）以及冰咖啡（加冰咖啡）。乘务员在冲泡咖啡前，不仅应检查其生产日期和保质期，还应该从咖啡本身观察其是否变质（是否结块或变色），不可提供过期的咖啡；冲泡时应注意温度和浓度要适宜。

（六）白酒

白酒是中国传统蒸馏酒，以粮谷为主要原料，通过糖化、发酵、蒸馏等工艺制成。白酒的种类繁多，按照香型可分为浓香型、酱香型、清香型、兼香型等，每种香型都有其独特的风味和生产工艺。

出于安全考虑，民航局对客舱内提供的含酒精饮料有严格的规定。过去，由于白酒度数较高，曾有一段时间客舱内不允许提供白酒。然而，随着航空公司与酒企之间的合作，以及对旅客需求的深入理解，未来可能会有更多的航空公司尝试在客舱内提供符合安全标准的白酒产品。四川航空曾与五粮液集团公司合作,推出了"五粮液号"飞机,并计划向头等舱旅客提供特制的五粮液。这一合作旨在提高五粮液在海外的知名度,开发符合民航局相关规定的、能够在客舱内供应的低度数白酒产品。

总的来说,客舱白酒服务目前处于逐步发展阶段,航空公司应积极与知名酒企合作,不断探索和创新,从而满足旅客对于高品质飞行体验的需求。

(七)葡萄酒

葡萄酒是一种以葡萄为原料,通过发酵制成的含酒精的饮料,其历史可以追溯到公元前。葡萄酒可以分为多种类型,常见的分类标准包括颜色、含糖量、二氧化碳含量、产地等。

❶ 按颜色分类

葡萄酒根据颜色的不同,可以分为红葡萄酒、白葡萄酒和桃红葡萄酒。红葡萄酒的颜色为浅红色到深紫色不等;白葡萄酒的颜色较浅;桃红葡萄酒的颜色则介于红葡萄酒与白葡萄酒之间,为粉红色到橘红色不等。

❷ 按含糖量分类

葡萄酒根据含糖量的不同,可以分为干型葡萄酒、半干型葡萄酒、半甜型葡萄酒、甜型葡萄酒。其中,干型葡萄酒含糖量最低,甜型葡萄酒含糖量最高。

❸ 按二氧化碳含量分类

葡萄酒根据二氧化碳含量的不同,可以分为平静葡萄酒(Still Wine)和起泡葡萄酒(Sparkling Wine)。

平静葡萄酒,是指在20℃时二氧化碳压力小于0.05 MPa的葡萄酒。这类葡萄酒不含二氧化碳或含有极少量的二氧化碳。平静葡萄酒是市面上较为常见的葡萄酒类型,包括红葡萄酒、白葡萄酒、桃红葡萄酒等。

起泡葡萄酒,是指在20℃时二氧化碳压力大于或等于0.05 MPa的葡萄酒。这类葡萄酒在密闭的容器中进行二次发酵,产生二氧化碳气泡。著名的起泡葡萄酒包括法国的香槟(Champagne)、西班牙的卡瓦(Cava)、意大利的普洛赛克(Prosecco)等。

❹ 按产地分类

葡萄酒根据产地的不同,可以分为旧世界葡萄酒和新世界葡萄酒。

旧世界葡萄酒,通常产自欧洲传统葡萄酒生产国,这些国家有着悠久的酿酒历史和严格的产区法规。旧世界葡萄酒的生产国主要包括法国、意大利、西班牙、德国、葡萄牙等,这些国家的葡萄酒风格多样,注重风土表达,通常根据产区或葡萄园为葡萄酒命名,酒标信息量大,风格较为保守。

新世界葡萄酒,指的是那些位于欧洲之外的葡萄酒新兴生产国,如美国、澳大利亚、新西兰、南非、智利、阿根廷等。新世界葡萄酒生产国往往根据葡萄品种为葡萄酒命名,这类葡萄酒的风格更加奔放,果味明显,生产方式、包装形式、市场推广形式更现代化,制酒法规相对宽松,创新空间较大。随着葡萄酒行业的全球化发展,许多新世界葡萄酒生产国的酒庄也开始采用旧世界葡萄酒的酿造技术和风格,新、旧世界葡萄酒之间的界限逐渐模糊,葡萄酒的风格也越来越多元化。

葡萄酒不仅是一种社交饮品，也常被认为具有一定的健康功效。适量饮用葡萄酒被认为可以降低心脏病风险、提高消化功能、抗氧化等。需要注意的是，过量饮用任何含酒精的饮料都会对健康产生负面影响，因此建议适量饮用。

在品尝葡萄酒时，通常遵循"看、闻、尝"的步骤：首先观察葡萄酒的颜色和清澈度；然后通过摇晃酒杯释放酒香，深吸一口气感受其香气；最后品尝，让酒液在口中停留，感受其口感，如酸度、甜度、单宁等。

葡萄酒的品酒礼仪是葡萄酒文化的一部分，包括正确倒酒、摇杯、碰杯等。遵循正确的品酒礼仪既能提升品酒体验，也体现了对酿酒师和同行品酒者的尊重。

乘务员在提供客舱葡萄酒服务时需注意以下几点：

① 红葡萄酒的最佳品酒温度为16—18℃，可在常温下为旅客提供，也可冰镇12—15分钟。对红葡萄酒进行冰镇时，为了防止商标遇水后字迹模糊或弄破商标纸，可用毛毯袋或塑料袋将酒包裹后再进行冰镇。

② 在供应白葡萄酒时，需要在餐前对酒进行冰镇，使酒液的温度达到10—12℃，冰镇时间一般为33—35分钟，冰镇后的白葡萄酒的口感会更加清爽、果香更加浓郁。

③ 如果条件允许，建议将葡萄酒早点打开，从而让酒充分"呼吸"，也就是人们常说的"醒酒"，这样葡萄酒的口感会更加柔和、醇厚。

■ 知识链接

葡萄酒开瓶的操作方法

目前，葡萄酒的瓶塞主要分为两种：一种是螺旋帽式瓶盖，另一种是软木塞。

若葡萄酒为螺旋帽式瓶盖，直接将瓶盖拧开即可，开瓶时还有一个小窍门：不要按一般的方法拧瓶盖的上半部分，建议一只手握住瓶身，另一只手去拧瓶盖的下半部分，通过这种方法可以很轻松地将瓶盖打开，且不会破坏瓶盖。如果酒还未喝完，可以在拧好瓶盖后对其进行储存。

瓶塞为软木塞的葡萄酒，开瓶主要包括以下步骤：先划一道开瓶线，后将锡纸帽取下，再将开瓶器斜插入软木塞，最后旋转开瓶器直至能将软木塞取出。

对软木塞葡萄酒进行开瓶时应注意以下几点：

①开瓶线应在酒瓶凸起的下缘，注意要整齐、在一条线上。

②去除锡纸帽时，注意不要太过用力，要保证酒瓶上剩下的锡纸部分美观、整齐。

③开瓶器应斜插入软木塞，便于施力。

④旋转开瓶器时注意不要太深入，以免将软木塞钻透，若木屑掉入酒液中，会影响酒的口感。

（八）啤酒

啤酒是一种广受欢迎的含酒精的饮料,以麦芽为主要原料,酒精度数较低,易被人体吸收。啤酒的生产国遍布全球,不同国家有着各自的酿酒特色和传统。著名的啤酒生产国包括德国、比利时、英国、美国、捷克等。各国啤酒有其独特的风味,这与酿造啤酒时所采用的原料、酿造工艺,以及啤酒生产国的文化传统密切相关。啤酒按色泽,可以分为淡色(如淡黄色、金黄色、棕黄色等)啤酒、浓色啤酒、黑啤;按发酵方式,可以分为艾尔啤酒(上发酵)、拉格啤酒(下发酵)、拉比克啤酒(自然发酵);按原麦汁浓度,可以分为低浓度啤酒、中浓度啤酒、高浓度啤酒;按杀菌处理方式,可以分为生啤(未杀菌)和熟啤(经过杀菌处理)。

在航空公司的客舱服务中,啤酒是一种常见的饮品选择,尤其对于长途航班和国际航线航班而言。一些航空公司甚至会与酿酒公司合作,推出专为高空客舱设计的啤酒,以满足旅客在飞行过程中的口味需求。例如,国泰航空推出了专为飞行创制的樽装啤酒(Betsy Beer),在酿制这款啤酒时,考虑到了飞行时高空环境及机舱气压对旅客味觉敏感度的影响,采用了特别的配方和原材料,以确保其在高空环境中仍能保持良好的口感。又如,捷蓝航空与Athletic Brewing Co. 合作,成为美国首家在美国国内航班上提供无酒精啤酒的大型航空公司,从2023年5月起,旅客可以在航班上购买无酒精啤酒——Upside Dawn。

乘务员在提供客舱啤酒服务时,要注意啤酒的最佳饮用温度为8—10℃,需要在外部进行冰镇,提供时不用询问旅客是否要添加冰块;提供啤酒时,需要帮助旅客将啤酒打开(在餐车下开启,打开时垫着毛巾),倒入少量啤酒至杯中,然后将剩余的听装啤酒一起递送给旅客。

（九）鸡尾酒

鸡尾酒是一种通过将不同的含酒精的饮料和不含酒精的饮料巧妙地结合在一起制成的混合饮品,通常会加入糖、柠檬汁或其他风味添加剂,创造出独特的口感和风味。鸡尾酒的历史悠久,种类繁多,每种鸡尾酒都有其独特的风味和制作方法。

鸡尾酒的基酒奠定了鸡尾酒的主要风格,常见的鸡尾酒包括以伏特加为基酒的"莫斯科之骡""马提尼",以金酒为基酒的"金汤力""飞行",以朗姆酒为基酒的"莫吉托""飓风",以威士忌为基酒的"曼哈顿",以龙舌兰为基酒的"玛格丽特""龙舌兰日出",以白兰地为基酒的"侧车""白兰地亚历山大",以琴酒为基酒的"马丁尼""吉布森"。

鸡尾酒按照风格的不同,可以分为以下几种:

① 经典鸡尾酒,历史悠久,如"马提尼""雪球"等。

② 热带鸡尾酒,通常含有水果或果汁,如"玛格丽特""草莓达奇里"等。

③ 烈酒鸡尾酒,酒精度较高,如"长岛冰茶""神风特攻队"等。

④ 清新鸡尾酒,口感清爽,适合炎热天气饮用,如"金汤力""莫吉托"等。

鸡尾酒的制作是一门艺术,不仅要求调酒师掌握各种酒的特性,控制好比例,还要求其对味道、颜色、装饰和呈现方式有深刻的理解。调酒师要会使用各种工具,如调酒壶、量酒器、榨汁器等,以及各种装饰,如水果片、鸡尾酒小伞等,来制作和装饰鸡尾酒。

鸡尾酒是一种富有创意的饮品,无论是在社交场合饮用,还是在家中饮用,都能为饮用者带来愉悦的体验。在航空公司的客舱酒水服务中,鸡尾酒是常见的饮品选择之一。一些航空公司会提供经典鸡尾酒,也可能推出特色鸡尾酒,以满足不同旅客的口味需求。乘务员在提供客舱鸡尾酒服务时,要注意调制鸡尾酒时一般使用玻璃杯,倒至七成满即可,此外,应注意餐后酒不能在餐前送。

三、客舱酒水服务

(一)不同的酒类及其适宜的供酒温度

在提供客舱酒水服务时,不同的供酒温度对酒水的风味有着显著的影响。以下介绍了一些常见的酒类及其适宜的供酒温度。

1 香槟酒

香槟酒需要冰镇,供酒温度为4—5℃。

2 白葡萄酒

白葡萄酒需要低温冷藏,供酒温度一般为8—12℃,开瓶前建议先放入冰桶内冰凉一阵。酒杯一般使用郁金香型高脚杯。

其中,较轻型的白葡萄酒,如长相思(Sauvignon Blanc)等,适宜在接近8℃的温度下饮用;而口感更为丰富的白葡萄酒,如霞多丽(Chardonnaay)等,则可以在稍微高一些的温度下饮用,以展现其风味层次。

3 红葡萄酒

红葡萄酒的供酒温度为16—20℃,若室温过低,应用热餐巾将红葡萄酒焐热。

其中,较轻型的红葡萄酒,如黑皮诺(Pinot Noir)等,适宜在稍微低一些的温度(12—16℃)下饮用;而较重型的红葡萄酒,如赤霞珠(Cabernet Sauvignon)等,适宜在稍微高一些的温度(16—18℃)下饮用。

4 啤酒

大多数啤酒的适宜饮用温度为4—7℃,如拉格(Lager)啤酒。当然也有例外,如艾尔(Ale)啤酒在7—10℃下饮用更佳。

5 桃红葡萄酒

桃红葡萄酒需低温冷藏,供酒温度为12—14℃。

6 汽酒

汽酒需要冰镇,供酒温度为4—8℃。

7 伏特加、金酒

这类酒适宜常温加冰饮用,提供给旅客时,可加入冰块或冰球。

❽ 日本清酒、绍兴酒

这类酒的供酒温度为45—50℃。

(二) 食物与酒类的搭配

食物与酒类的搭配是一种提升用餐体验的艺术,既可以增加食物的风味,也能突出酒类的特点,正确的搭配可以使二者相得益彰,让旅客获得更加丰富的味觉享受。以下列出了食物与酒类的基本搭配原则。

❶ 口味平衡

搭配时应考虑食物与酒类的口味是否能够相互平衡。例如,重口味的食物,如烧烤或辛辣菜肴,适合搭配口感饱满、单宁丰富的红葡萄酒,如西拉或赤霞珠;而清淡口味的食物,如鱼肉或家禽肉,适合搭配清爽的白葡萄酒,如霞多丽或长相思。

❷ 口味对比

搭配时可以利用口味的对比来提升食物和酒类的风味。例如,甜味食物与干型葡萄酒的搭配可以增加葡萄酒的苦味和酸度,从而平衡食物的甜味。

❸ 食物特性

搭配时应考虑食物的主要风味特点,如鲜味、油脂、咸味、酸味等,并选择能够与之协调的酒类。例如,咸味食物可以提升葡萄酒的风味,而酸味食物则适合搭配酸度较高的葡萄酒。

❹ 酒类特性

搭配时应考虑酒类的特性,如酒精度数、糖分、酸度、单宁等。高单宁的葡萄酒适合搭配较为油腻或重口味的食物,而高酸度的葡萄酒则适合搭配海鲜或酸辣菜肴。

❺ 文化和饮食传统

某些食物与酒类的搭配是基于特定文化和饮食传统的。例如,香槟酒常与庆祝活动搭配,而波特酒则常与甜点搭配。

❻ 个人偏好

个人口味偏好也是搭配时需要考虑的因素。有些旅客可能更喜欢特定的搭配方式,因此在遵循一定的搭配原则的基础上,可以根据旅客的个人偏好进行尝试和创新。

总之,食品与酒类的搭配是一门既科学又富有创意的技艺,能够使普通的用餐体验变得更加精彩和难忘。

(三) 供酒时的注意事项

(1) 香槟酒通常倒1/2香槟杯,其作为欢迎饮料和餐中酒,在航班上全程提供;白葡萄酒倒1/2葡萄酒杯;红葡萄酒倒2/3葡萄酒杯;啤酒倒2/3纸杯;伏特加酒倒1/2利口酒杯。

(2) 开香槟酒时,应先将餐巾放在瓶盖上,用左手拇指按住瓶塞,再用右手拧开瓶嘴上的铁丝,最后拿住瓶盖左右旋转即可打开。应借助餐巾开启起泡酒,注意不要把瓶口对着旅客或自己,以免发生意外,打开瓶塞时尽量控制声音。拿香槟酒时不宜摇晃,以免开瓶时瓶内压力过大。

(3)红葡萄酒应在供应前1—2小时开启,使酒充分"呼吸",使得其口感圆润柔顺、易入口。

(4)对葡萄酒进行开瓶时的注意事项包括:撕瓶口的封皮时,不要超过瓶口的开封线;应先用刀子在距离瓶口上方5厘米的地方旋转一圈,不要弄掉金属纸,再用螺旋开关对准瓶塞垂直向下旋转;开瓶时注意不能面对着旅客。瓶盖打开后,应用餐巾纸将瓶口擦拭干净,并将瓶口的酒稍稍倒掉一点,以免有残渣浮在上面。

(5)为旅客倒酒时,一般只将酒倒至瓶底凸起部位,以免将酒瓶底部的残渣倒入旅客杯中。一般而言,旅客对于将酒瓶底部的酒完全倒入杯中的行为是很忌讳的。

(6)在将葡萄酒递给旅客时,须介绍酒的全称,应请旅客过目酒的商标信息(包括产地、制造公司、年份等)。若为坐在一起的旅客夫妇供酒,应先倒一些酒请男性旅客品尝,男性旅客认可后,再给女性旅客斟酒,随后给男性旅客斟酒。

(7)供酒时,按照欧美习俗,应先为女性旅客倒酒,再为男性旅客倒酒,最后用口布擦拭瓶口。

(8)供酒前,应检查酒具是否有破损,凡是有破损的酒具都不应使用。

(9)为旅客加酒完毕后,在抬起酒瓶时应慢慢转动酒瓶,以免酒滴落在桌上。

(10)对于各种需要放冰块的酒,应主动将冰块放好。

(11)拿酒杯时,不要拿酒杯的上部,尤其在送冰镇的酒时,这样容易在酒杯上留下手印,而且也不符合卫生要求。

任务三　客舱餐饮服务流程

 任务描述

本任务对客舱餐饮流程进行详细介绍,包括两舱、经济舱和驾驶舱的餐饮服务流程、要点和注意事项。

 任务目标

了解两舱、经济舱和驾驶舱的餐饮服务流程,掌握餐饮服务的要点和注意事项。

一、两舱餐饮服务流程

乘务员在提供两舱餐饮服务时,应遵循西餐礼仪的相关要求,下面以国际远程航线航班的头等舱正餐供餐流程为例进行讲解。

(一)餐前准备

充分、细致的餐前准备工作是做好餐饮服务工作的重要保障,需要注意以下几方面的内容。

(1)餐饮准备期间必须拉合厨房门帘,准备餐食、饮品时动作要轻、声音要低,避免打扰旅客。拉合门帘的动作要领包括:轻握门帘的上端,若有旅客注视,应先对旅客微笑、点头示意,再轻轻将帘子拉上。需要注意的是,供餐期间必须穿着围裙,进入盥洗室前必须脱下围裙。

(2)在烘烤餐食和供餐前应洗净双手。

(3)应检查用品、用具是否清洁、无污渍。热食盘、咖啡杯、面包碟等应放入烤箱预热,或用热水预热。

(4)应根据旅客需求和餐食种类,确认餐食的烘烤温度和时间。各类餐食的烘烤温度和时间见表4-3-1。

表4-3-1 各类餐食的烘烤温度和时间

种类	烘烤温度	烘烤时间
面包类	150—175℃(中温)	7—10分钟
肉类(非牛扒类)	175—200℃(中温)	15—20分钟
海鲜类	175—200℃(中温)	15—20分钟
蔬菜类	150—175℃(中温)	7—10分钟
牛扒类	三成熟:150℃(中温)	15分钟
	五成熟:175℃(中温)	20分钟
	八成熟:200℃(中温)	25分钟
点心/早餐	150—200℃(中温)	10—15分钟

注:以上烘烤温度和时间仅供参考,实际操作时需视机型、烤制数量等情况进行调整;热食不能叠放烤制,烘烤前应检查包装,若发现锡纸破损应及时更换;遇到蔬菜类和肉类混合时,烘烤时间以肉类烘烤时间为准,加热后应及时打开锡纸盖,避免蔬菜变黄;应随时关注烘烤时间,确保餐食具有良好的色泽和口感。

(二)毛巾服务

旅客入座后,乘务员会根据航线和机供品配备情况提供热毛巾。美观干净、温度适中的餐前毛巾,有助于旅客做好用餐的准备。

1 使用毛巾篮提供毛巾

(1)用毛巾篮提供的毛巾的数量不能超过20条。

(2)在使用毛巾篮为旅客提供毛巾时,应竖着端送毛巾篮,用毛巾夹将毛巾送至旅客手中或摆放在旅客座椅扶手处。

(3)用托盘收回毛巾时,应拿掉托盘上的垫布或垫纸。应一手竖端小托盘,一手用毛巾夹收取毛巾,应始终保持托盘处于客舱通道内。

2 使用毛巾碟提供毛巾

(1)使用时间。

① 国际中近程航线航班两舱、国内航班两舱:供餐前,使用毛巾碟提供毛巾,同时提供餐前酒饮、果仁;其他时段使用毛巾篮提供毛巾。

② 国际远程航线航班头等舱:所有提供毛巾的环节,如配备玫瑰花瓣、迎宾环节,均使用毛巾碟提供毛巾。

③ 国际远程航线航班商务舱:迎宾环节、旅客醒后使用毛巾碟提供毛巾;其他时段使用毛巾篮提供毛巾。

注意事项:

a.若毛巾碟需要反复使用,那么在每次使用毛巾碟之前,应用开水对其进行烫洗。

b.使用毛巾碟提供毛巾时,应将毛巾摆在毛巾碟上,并横向摆放在旅客餐桌左上角。

c.为醒后的旅客提供毛巾时,应将毛巾摆放在旅客座椅的扶手处。

(2)回收时间。

待旅客使用完毕后,应及时收回毛巾和毛巾碟。

3 毛巾服务规范

(1)毛巾的湿度以挤压后不出水为宜,温度适中。

(2)收取毛巾时要观察旅客的饮品使用情况,原则上应将毛巾与迎宾饮料一同收回。

(3)湿毛巾保温时间不宜超过2小时;无保温箱的机型,可以用温水现湿现送毛巾。

(4)毛巾服务时间。

① 国际中近程航线航班、国内航班两舱:在迎宾环节,以及餐前(碟装提供)、餐后(面向2小时15分钟以上的航班)环节为旅客提供毛巾服务。

② 国际远程航线航班头等舱:在迎宾环节,以及一餐前、一餐后、醒后/二餐前、二餐后、小吃环节以毛巾碟的形式为旅客提供毛巾服务。

③ 国际远程航线航班商务舱:在迎宾环节(碟装提供),以及一餐前、一餐后、醒后/二餐前(碟装提供)、二餐后、小吃环节为旅客提供毛巾服务。

(三)订餐服务

航空公司会根据所飞区域和航线,为两舱旅客提供不同的餐食、饮品选择。订餐服务应注意以下几方面的内容。

(1)订餐乘务员与发餐谱的乘务员应为同一人,对餐食、饮品的介绍要求内容专业、表述流利。

(2)餐前酒水的预订服务应尽量在飞机起飞前完成。

(3)餐食、餐前酒水的预订以不违反安全规定为原则。

（4）若订餐时间不充裕，订餐服务可安排在飞机起飞后、提供餐前酒水服务时进行。

（5）原则上，餐谱、酒水单、茶单留给旅客浏览，在飞机开始降落时回收，或根据旅客需求进行回收。

（6）应先预订餐前饮料，在时间允许的情况下，再预订餐食。

（7）应主动询问旅客是否需要为其逐一介绍全套餐，或是否有特别喜好或特殊要求，根据旅客的反馈，介绍或推介餐谱（特别是远程航线航班）。

（8）应根据旅客的性质，为其推荐用餐流程。

（9）应根据旅客所选餐食内容，主动为其推介葡萄酒。

（10）在确认餐食后，应主动询问旅客如果送餐时其正在睡觉，是否需要将其叫醒（特别是中短程航线早班和远程航线航班的早餐）。如果旅客不愿意被打扰，应在飞机抵达目的地前（大约提前40—45分钟）叫醒旅客，让其做好下降前的准备，同时注意服务用语。

（四）摆放餐前酒吧

餐前酒（Aperitif）又称开胃酒，能够起到刺激胃口、增加食欲的效果。摆放餐前酒吧包括摆放各类酒水、物品，要求整齐、美观、安全。

（1）摆放时，由低到高，可呈扇形、斜形，方便拿取。

（2）酒类可提供威士忌、白兰地、金酒、伏特加、红葡萄酒、白葡萄酒、薄荷酒、咖啡酒、香槟酒、啤酒等，其中，白葡萄酒、香槟酒和啤酒需要冰镇。

（3）饮料可提供配酒饮料、矿泉水等软饮。

（4）摆放的物品包括鲜花、饮料杯、葡萄酒杯、白兰地杯、果仁、餐巾纸、杯垫、配酒点缀物、搅拌棒、冰桶等。

（5）待旅客饮用完酒水后，应将旅客用过的餐具收回，注意动作规范，应与旅客有语言上的沟通。

（五）铺桌布

（1）对于国际中近程航线航班、国内航班，应在用餐前铺桌布；对于国际远程航线航班，应先提供餐前酒饮、开胃小吃，再铺桌布。

（2）在厨房内所准备的桌布的数量要多于旅客人数。

（3）仅为用餐旅客提供铺桌布服务。

（4）在为旅客铺桌布前，应熟练地为旅客打开小桌板，注意检查小桌板是否平整。

（5）铺桌布时，动作应熟练、优雅，在与旅客沟通时，应亲切、礼貌。

（6）供餐过程中，若旅客的桌布上有面包渣或细碎颗粒，可用湿毛巾帮旅客弄干净。

（六）摆放餐具

摆放餐具环节包括摆放刀、叉、勺、黄油碟、面包盘等餐具，以及盐、胡椒等调味品，要求摆放的位置正确、动作轻柔。

1 中式餐具

（1）应按顺序依次摆放筷架、筷子、单副餐具包。

(2)筷架、筷子应摆在餐桌右侧,提供冷菜时提供布盘。

(3)为旅客摆放刀、叉、勺、牙签,方法如下:打开餐具包,取出单副刀摆放在餐桌右侧,刀尖朝上,刀刃朝里;叉摆放在餐桌左侧,叉尖朝上;勺摆放在餐桌中上部,勺柄朝向旅客右手侧;牙签摆在勺上方。

(4)将餐巾对折为三角形,呈倒三角形轻轻搭在旅客腿上,扣眼朝上。

2 西式餐具

(1)提前预热面包盘,摆在餐桌左上角。

(2)主动为旅客提供一杯矿泉水,并放在餐桌右上角。

(3)从旅客的左侧向右侧依次摆放黄油碟、盐瓶、胡椒瓶。

(4)为旅客摆放刀、叉、勺、牙签,方法如下:打开餐具包,取出双副刀摆放在餐桌右侧,刀尖朝上,刀刃朝里;叉摆放在餐桌左侧,叉尖朝上;勺摆放在餐桌中上部,勺柄朝向旅客右手侧;牙签摆在勺上方。

(5)将餐巾对折为三角形,呈倒三角形轻轻搭在旅客腿上,扣眼朝上。

(七)供应冷荤

(1)在厨房先揭开冷荤保鲜薄膜。

(2)摆放时将主菜对准旅客。

(3)根据冷荤,主动向旅客介绍并提供红、白葡萄酒和软饮。

(4)待旅客食用完冷荤后,将餐具收回。

(八)供应面包

(1)所有面包须加热(手感微烫)。

(2)在面包篮中摆放面包时,将蒜蓉面包与其他面包隔开,避免串味。

(3)面包篮送出时应低于旅客视线,便于旅客选择。

(4)应主动为旅客介绍面包品种。

(5)根据旅客的选择,用面包夹夹取相应面包放于面包碟上,夹取面包时不宜太过用力,以免面包变形。

(6)保持面包的温度和外形良好,在后续服务中主动询问旅客是否需要添加面包。

(7)提供餐前饮料时再开始烘烤面包,确保面包的烘烤质量和温度。根据旅客用餐需求,为暂时不需要用餐的旅客预留部分面包,随吃随烤。

注意事项:

a.禁止将面包篮放入烤炉、保温箱内。

b.在每道菜之间为旅客提供面包,贯穿供餐的全过程,并根据旅客的需要随时为其添加面包。

c.为旅客添加面包时,应及时询问其是否需要添加黄油。

d.若有旅客未用餐,应预留面包备用,随吃随烤。

e.旅客食用完主菜后,在为其收拾餐桌时回收面包盘。

(九)供应餐中酒水

每道菜之间为旅客提供酒水服务,并关注旅客是否需要更换为其他软饮或酒类。

■ 知识活页

葡萄酒服务

(1)示瓶:供酒前,根据旅客的选择,用桌布衬垫酒瓶,露出酒标,向旅客展示、介绍酒的产地和年份。

(2)开瓶:不同的开瓶器有不同的使用方法,在旋转开瓶器时要注意使其底部与瓶口密合,并保持垂直的角度向下旋转,才不易使木塞断裂。此外,开瓶后需擦拭瓶口。

(3)斟酒:将手臂伸直,右手握住瓶身的正面(下1/3处),在酒杯中倒入一口量的葡萄酒后立即将瓶口略抬起,顺时针旋转的同时擦拭瓶口,收回酒瓶至原位。得到旅客认可后,再为其斟酒至酒杯的1/2左右。

(十)供应汤

1 温汤碗的方式

(1)用热水烫温后,擦净汤碗。

(2)用保温箱保温,注意不宜过烫。

2 汤的提供

(1)汤碗加盖,汤勺置于碗垫右侧。为旅客提供汤时,主动向旅客介绍汤的种类,并在旅客面前打开汤盖后收回汤盖。

(2)为旅客提供汤时,应随送随倒,严禁过早将汤倒出放在厨房操作台上或餐车里。

(3)使用小托盘送汤,每个小托盘放置2—4碗。供汤时若没有碗垫,可将汤勺放在铺好的桌布上,汤勺正面朝上,竖放于旅客的右手边。

注意事项:

a.若为中式汤,应先将汤料加热,并放入温热的汤碗或沙拉碗中,再将汤倒入汤碗或沙拉碗中。若供应有装饰物的西式汤,应最后加入装饰物。

b.为旅客提供的汤一定要烫;不得过早准备,或一次倒出过多的汤。

c.飞机发生颠簸时,应暂停供汤服务。

(十一)供应沙拉

(1)将沙拉汁倒入沙拉盅内,使用小托盘提供。

(2)将沙拉与沙拉盅(汁碗)一起放在铺好餐巾的小托盘上,向食用完冷荤的旅客提供,并主动向旅客介绍沙拉汁的品名、味道及产地,供旅客选择。

(3)应先将沙拉汁进行搅拌,均匀地浇在沙拉上,再提供给旅客。

注意事项：

a. 若有部分旅客未用餐，应预留沙拉汁备用。

b. 保持沙拉盅的清洁，并根据旅客的需求为其添加沙拉汁。

■ **知识链接**

以下介绍了几款经典的沙拉汁，具体见表 4-3-2。

表 4-3-2　沙拉汁介绍

名称	产地	主要配料	颜色	形态	味道
千岛汁（Thousand Island Dressing）	意大利	美乃滋、番茄沙司、梅林辣酱油、柠檬汁、鸡蛋碎、酸黄瓜碎、洋葱碎、白糖	橘红色	半流体状	酸、甜
意大利汁（Italian Dressing）	意大利	美乃滋、橄榄油、白酒、醋、动物性鲜奶油、法式芥末酱、鸡蛋碎、柳橙、柠檬、果糖、盐、白胡椒粉	橘黄色	半流体状	酸、甜
法式酱汁（French Dressing）	法国	牛高汤、沙拉油、红酒醋、法式芥末酱、洋葱碎、巴西里碎、香菜碎、糖、盐、黑胡椒粗粉、匈牙利红椒粉	青褐色	流体状	酸
麻酱汁（Sesame-Soy Sauce）	日本	芝麻酱、酱油、麻油、白糖、味精、醋	酱色	流体状	酸、甜

（十二）供应主菜

（1）主菜盘需要事先加热。

（2）主菜搭配原则为由左至右、由浅入深。

（3）主菜盘边缘及配菜之间要留有空隙，摆放应美观。

（4）送餐时应将主菜朝向旅客。

（5）提供旅客预选的酒类。

（十三）供应餐后奶酪、蛋糕、水果、热饮

（1）收回旅客食用完的餐盘，并整理餐桌。

（2）提供餐后奶酪、蛋糕、水果，以及相应的餐具，并及时为旅客补充餐具。

（3）若有多种甜品可供旅客选择，可以使用餐车充分展示各种甜品。

（4）远程航线航班的头等舱若配备需要乘务员做装饰的蛋糕，可以先将蛋糕放入冷食盘内，利用配备的各种装饰物进行装饰，再展现给旅客供其选择。

（5）旅客选择奶酪时，应主动向其推荐并提供葡萄酒。

（6）旅客选择蛋糕时，应主动向其推荐并提供咖啡、茶等热饮。

（7）为食用完奶酪、蛋糕的旅客提供水果。

知识链接

奶酪介绍

1. 常见的几种奶酪

（1）卡门伯特干酪（Camembert Cheese），是法国著名的软干酪，产自诺曼底地区，形状为扁平圆形，外皮呈灰白色，里层柔韧、呈黄色。卡门伯特干酪有独特的香味，柔和适口。

（2）蓝奶酪（Blue Cheese），是所有奶酪中风味极为特别的一种，产自法国。在制作方法上，主要是将蓝莓与凝乳均匀混合，填装于模型中进行熟成，因而其组织中布满如大理石纹般美丽的蓝色纹路。蓝奶酪的形状为三角形，有强烈的刺鼻味道和咸味，切时易散。

（3）切达奶酪（Cheddar Cheese），产自英国，形状为长方形，有发酵孔，呈浅黄色，味酸，较硬，组织细腻，口味柔和，为硬质全脂牛乳奶酪。

（4）伊丹奶酪（Edam Cheese），产自荷兰，形状扁平，外皮由红色蜡脂包裹，内部呈白色，口味柔和，有点咸，外皮不能食用。

（5）爱芒特奶酪（Emmenthal Cheese），产自瑞士，形状为长方形。这种干酪属于硬质，富有弹性，口味柔和、甘美，呈网状，有无数的大孔，具有胡桃般的甜美风味及弹力组织，外观美丽，有"干酪之王"的美名。

（6）丹麦青纹干酪（Danish Blue Cheese），产自丹麦，有刺舌的味道，外部和内部有青绿色斑点。

（7）蒜蓉奶酪（Garlic Cheese），由锡纸包装，质地松软，含青绿色斑点，有蒜香味道。

2. 与奶酪极为相配的酒类、水果、坚果

葡萄酒与奶酪，堪称能最大限度激发彼此醉人美味的极佳搭档。在搭配方面，可从滋味浓淡的相近程度上入手，例如：卡门伯特干酪可搭配浓郁的红葡萄酒；蓝奶酪可搭配强劲浓厚的红葡萄酒或 Muscat、Sauternes 等甜白葡萄酒。此外，咸度高的奶酪与略酸的葡萄酒、脂肪含量多的奶酪与较干的葡萄酒，彼此具有中和作用，同样十分相配。

在水果方面，葡萄、苹果、梨等可以搭配较清淡的奶酪。

在坚果方面，杏仁、核桃等可以搭配较硬的奶酪。

3. 奶酪的切法

（1）圆形奶酪（如卡门伯特干酪等）的切法：从奶酪中心向外切，以每块分为六份为宜。

（2）伊丹奶酪的切法：先去掉红外皮，然后沿斜角切，再垂直切，以取得三角形，每块以宽1厘米、长6厘米为宜。

（3）切达奶酪的切法：先沿对角切，再垂直快切，每块以宽1厘米、长6厘米为宜。

4. 注意事项

（1）切奶酪时，刀从上直切下去，不要左右摇晃，切好后从奶酪下方拉出刀，动作要干净利索。

（2）配送奶酪时为旅客送上餐具，一般情况下，一种奶酪配备一把叉子，以防串味，并主动询问旅客是否需要红葡萄酒。

（十四）回收餐具、餐布

（1）观察、识别或主动询问旅客是否用餐完毕。

（2）待旅客用餐完毕后，及时回收所有餐具和服务用品。

（3）回收时，应将餐具进行适当整理，摆放整齐，避免汤汁外溢。

（十五）供应餐后酒

餐后酒包括薄荷酒、咖啡酒、白兰地、百利甜酒等。供应餐后酒时应注意以下几方面的内容。

（1）摆放时要求美观、安全、物品齐全。

（2）应将餐后酒、巧克力或其他甜品、用具及酒杯摆在餐车上同时提供。

（3）应主动向旅客介绍各种餐后酒，根据旅客的需要提供相应的服务。

（4）应及时回收旅客用完的餐具。

二、经济舱餐饮服务流程

（一）餐前准备

（1）准备餐饮期间必须拉合厨房隔帘，做到"三轻"：说话轻、动作轻、脚步轻。

（2）在烘烤餐食和供餐前应洗净双手。

（3）应根据餐食种类确认烘烤时间和温度。

（4）热饮主要有茶和咖啡，在冲泡时应注意的事项包括：避免在飞机爬升阶段准备热饮；煮水时，水位高度不得超过壶嘴，以防飞机颠簸时水溢出，水温应控制为60—70℃。

（5）在餐车上摆放餐饮时，做到安全、整齐、美观、方便。

① 摆放饮料时，饮料标签朝向旅客，便于旅客选择。

② 摆放热食时，不要叠放过高（以3—4层为宜），避免热食滑落。

（二）服务要点

提供服务时，一般遵循窗口座位优先、老弱妇孺优先的原则。

1 推拉餐车

（1）在推拉餐车时，应手指并拢、双手扶住餐车的两侧，或拉住车扶手进行相关操作。

（2）在拖拉餐车时应控制速度，避免碰撞旅客、座椅或其他客舱设施。

（3）单人推车时，应始终站在面对旅客的一侧，同时确保另一侧餐车门锁闭。

注意事项：

停车踩刹车，行车松刹车，严禁将餐车单独留在客舱通道。

2 供应饮料

（1）开启碳酸饮料时，可用毛巾捂住饮料或在餐车内打开，防止喷溅；开启果汁类饮料时,应先轻轻摇匀,动作幅度不可过大。

(2) 应为有需要的旅客打开小桌板。

(3) 倒冷饮料时,应先询问旅客是否需要加冰块,若需要加冰块,应先放冰块,再倒饮料。

(4) 倒饮料时,应将饮料瓶或装有饮料的水壶从餐车上取下,在餐车下方进行倾倒,瓶口/壶嘴对着过道,必要时可退后一步操作。倒热饮时,不可过急,以免将液体溅到旅客身上;倒冷饮时,杯口不可碰到瓶口。此外,倒碳酸饮料时,杯子应倾斜一定的角度。

注意事项:

一般纸杯用于盛装热饮,塑料杯用于盛装冷饮。

(5) 倒饮料时,一般以杯子的七八成满为宜,飞机存在轻度颠簸时则以杯子的五成满为宜。为年幼旅客提供饮料时,冷饮以五成满为宜,热饮应先征求其监护人的意见,由其监护人转交。

(6) 递送饮料时,应握住杯子下1/3处,不应触碰到杯口。此外,递送热饮时,应避免与旅客手对手交接。

注意事项:

拿杯子时手指应并拢,小指可托于杯底。

(三) 供应餐食

(1) 应主动向旅客介绍餐食种类,供旅客选择。

(2) 发放餐盒时,应将餐盒盖折叠整齐,送至旅客的小桌板上或递送至旅客手中。

(3) 餐食若为热食,为确保服务安全,与旅客交接时必须加强语言提醒,注意不要将热食直接摆放在餐盒上送出,以免热食滑落。递送时可将热食放在托盘上,以免旅客烫手。

(四) 回收餐具

(1) 应视旅客用餐情况及时回收餐具。

(2) 回收餐具时,应先征询旅客意见,待旅客同意后方可收取。

(3) 应避免汤汁、饮料等洒落在旅客身上。

(4) 收取完毕后,应帮助旅客进行清理并收起小桌板。

三、驾驶舱餐饮服务

(一) 驾驶舱餐饮服务原则

(1) 为驾驶舱提供餐饮服务时,要站在驾驶舱内,从机组人员侧面将餐饮逐一递出。左座从其左侧递送,右座从其右侧递送,不能从中央控制台上方经过,避免餐饮洒到驾驶舱设备内部,从而造成飞行危险。

(2) 提供杯装饮料时,必须将其放置在托盘上,整盘送入驾驶舱,待驾驶员取走饮料之后再将托盘取出。

（二）为驾驶舱提供液体物品时的注意事项

（1）应首先选择驾驶员自带的杯子为其提供饮品，将杯身、杯盖一同取出。杯中的液体不宜加满，应在拧紧盖子并将杯子外部的水渍擦拭干净后，将杯子递送给驾驶员。

（2）为驾驶员提供饮料、速溶汤时，要使用双层塑料杯并加盖塑料杯盖，只能倒至六七成满，送入驾驶舱前应确保杯盖已完全扣好，按照驾驶舱餐饮服务标准进行递送。

（3）提供罐装的碳酸饮料（如可乐、雪碧等）时，应先在服务间将其打开，并将饮料倒入双层塑料杯中，倒至六七成满，加盖塑料杯盖后递送。

（4）热饮温度不能过高，避免驾驶员在接杯时因烫手而将饮料洒落到驾驶舱设备内，从而造成飞行危险。

（三）为驾驶舱提供餐食时的注意事项

（1）应将瓶装或大包餐食适量装入双层纸杯或餐盘中提供给驾驶员。

（2）不可将整瓶或整包的餐食提供给驾驶员，如果驾驶员自行在驾驶舱内打开整瓶或整包的餐食，容易将餐食溅到驾驶舱设备上，对设备造成污染。

（3）提供的餐食配有汤水时，应先将汤水递给驾驶员，待其放置好后，再为其提供餐盘。

（4）为驾驶员提供湿毛巾时，要有意识地先拧一下，毛巾以不滴水为宜。

（5）禁止将湿毛巾直接摆放在驾驶舱的中央控制台上，应将装有毛巾的清洁袋放在驾驶员座位侧面方便拿取的位置。

任务四　客舱餐饮服务标准

任务描述

本任务对客舱餐饮服务标准进行了详细介绍，包括客舱饮料服务标准、客舱餐食服务标准、收餐服务标准，以及代旅客加工食品时的服务标准。

任务目标

了解客舱饮料服务标准、客舱餐食服务标准、收餐服务标准，以及代旅客加工食品时的服务标准。

一、客舱饮料服务标准

(1) 在提供饮料服务前,应主动为旅客介绍可供选择的饮品种类。

(2) 为旅客递送饮料时,应握住杯子的下1/3处。在递送饮料时,应提示旅客小心拿好,若递送的饮料为热饮,必须口头提醒旅客小心烫伤,在确认饮料放置好或旅客接好后方可松手,不可出现与旅客无语言交流的情况。此外,应提醒旅客收起或保护好正在使用的笔记本电脑等贵重电子产品,避免因饮料意外泼洒造成财产损失。

(3) 为旅客提供听装啤酒时,应帮助旅客将听装啤酒打开(在餐车下开启,打开时垫着毛巾),在杯中倒入少量啤酒,再连同听装啤酒一起递送给旅客。

(4) 为旅客提供红茶前,应询问旅客是否需要添加奶、柠檬片或糖,并为旅客提供搅拌棒。

(5) 在骨干商务航线为旅客提供咖啡时,应询问旅客是否加糖或牛奶。对于需要加糖的咖啡,应加入适量糖,并在杯中放入搅拌棒,在递送给旅客时,可附带一包糖,让旅客根据需求自行添加。如果旅客对于糖和牛奶的比重有特殊需求,应按其需求来进行调配。

(6) 在为旅客提供茶水或咖啡时,应将茶壶或咖啡壶拿至餐车水平位置的下方倾倒液体,避免将液体溅到旅客身上。此外,应口头提醒坐在靠过道座位的携带儿童的旅客,不要让儿童的手触摸咖啡壶、茶壶,以免烫伤。

(7) 用纸杯盛装开水时,应在纸杯中加入约1/3杯的矿泉水后再提供给旅客。若旅客自带杯子,也应按照上述比例兑入矿泉水,并将杯盖拧好后再提供给旅客。

(8) 在为旅客提供热饮时,液体的量以不超过容器的2/3为宜。在为儿童旅客提供热饮时,应通过其监护人进行转交,与此同时,做好提醒服务。此外,应加强与其他乘务员之间的配合,避免因碰撞或配合不当等造成烫伤的情况。若旅客进餐的过程中飞机发生颠簸,应停止热饮服务并向旅客做好解释工作,同时,口头提醒已在饮用热饮的旅客注意避免烫伤。

(9) 若遇到航班上有押送犯罪嫌疑人的情况,应先征询押送人员意见,再为犯罪嫌疑人提供热饮,提供的热饮的温度应适宜。

(10) 若遇到旅客出于自身原因造成意外的情况,应及时采取必要的补救措施,将事故危害降低到最低,同时,要及时联系目击旅客,以更好地划分事故责任。

二、客舱餐食服务标准

(1) 在提供餐食服务之前,应熟记餐食内容;在提供餐食服务时,应主动、耐心地为旅客进行相关介绍。

(2) 在厨房内工作时应拉上门帘,动作要轻。应抽查餐食的生产日期、保质期和餐食品质,禁止为旅客供应变质或不新鲜的餐食。使用各种厨房用具以及开关餐车、烤箱时要避免发出过大的声响,厨房用具使用完毕后要及时整理并摆放稳妥。此外,在与其他乘务员讲话时,声音也要放低。

（3）在提供餐食服务前，先为整排旅客发放餐巾纸。在发放餐食时，应遵循先女性旅客、后男性旅客，先里、后外的原则，逐一发放，避免出现漏发、错发的情况。为靠窗座位的旅客发放餐食时，禁止从其他旅客头顶上方递送餐食。若有其他旅客协助递送，应及时表达谢意。可委婉地提醒前排旅客调直座椅靠背，以方便后排旅客用餐。

（4）在面向机头方向提供餐食服务时，对于左侧旅客应用右手提供餐食，对于右侧旅客应用左手提供餐食，同时要注意监控前舱，若有旅客进入前舱，应及时提醒对应方向的乘务员注意。此外，应注意与其他乘务员的餐饮服务的交接，避免漏送、错送。

（5）在提供正餐时，如果旅客当时不需要用餐，要确认旅客是否需要保留餐食。

（6）在发放餐食时，若有旅客在休息，应为其粘贴休息卡，注意要将休息卡粘贴于前排旅客的座椅套上或前排壁板上，禁止将休息卡粘贴于标有客舱安全设备提示的标识上，同时，应做好标记，为旅客预留餐食，随时观察，待休息的旅客醒来后，及时为其提供餐食服务，并揭下休息卡。

（7）当餐食与饮料同时发放时，应先在餐车内放置托盘再摆放餐食，并将面条存放于容易拿取的地方。为避免递送饮料时手上沾有餐盒的油渍，可先用餐巾纸或湿纸巾包裹住餐盒，再拿取，或先用湿毛巾将餐盒上的油渍擦净，再为旅客发放。

（8）在为特殊旅客（如老年旅客、视力限制旅客等行动不便的旅客）提供餐食服务时，要征求旅客的意见，根据旅客的需要决定是否为其打开刀叉包。

（9）在为旅客冲泡方便面、奶粉时，应同时送上餐巾纸或湿纸巾。

（10）在提供餐食服务的过程中，要及时提醒旅客系好安全带，严禁儿童在过道上或座椅上玩耍。

（11）在提供餐食服务时，若有旅客提出其他合理需求，应尽可能及时满足。若当时无法满足，为了避免遗忘，可将旅客的需求及其座位号记录下来，并尽快提供相应的服务。

（12）若遇到航班延误或地面等待时间较长的情况，应根据机长的通知合理调整餐食烤制时间，避免过早烘烤餐食。若地面等待时间过长，乘务长可根据情况安排地面发餐。

（13）在为旅客提供餐食服务时，应注意保持良好的职业形象，不要驼背，服务姿态要正确，注意表情管理。注意礼貌用语，对旅客提出的合理需求应尽可能满足，确实无法满足时，应委婉地向旅客说明原因，取得旅客的谅解。

（14）尽可能不去打扰正在用餐的旅客，但在回收餐盘时，可与旅客进行适当交流。

（15）应掌握好餐食服务的节点，减少旅客的等待时间，特别是在夜航飞行时，应加快服务节奏，为旅客预留充分的休息时间。

三、收餐服务标准

收餐服务包括为旅客回收用过的餐盒、纸巾、清洁袋等物品。收餐服务标准具体包括以下几个方面。

（1）遵循"先服务先收取"的原则，乘务长可以根据航班客座率等情况灵活调整。

（2）禁止在客舱中整理使用过的餐盒，应在得到旅客同意后回收其餐盒，动作应迅速、谨慎，防止洒漏。

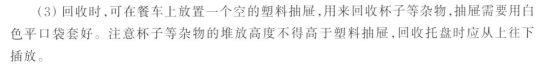

(3)回收时,可在餐车上放置一个空的塑料抽屉,用来回收杯子等杂物,抽屉需要用白色平口袋套好。注意杯子等杂物的堆放高度不得高于塑料抽屉,回收托盘时应从上往下插放。

(4)回收时,餐车上还应准备一些清洁袋,为有需要的旅客提供。餐车上还应备一条湿毛巾,用来擦拭弄脏的壁板、行李架、旅客小桌板等,以及清理地面杂物。

(5)在回收杂物时,要对旅客的配合表示感谢。

(6)在提供收餐服务时,若有旅客提出其他合理需求,要尽可能及时满足。若当时无法满足,为了避免遗忘,应将旅客的需求及其座位号记录下来,并尽快为其提供相应的服务。

(7)禁止从其他旅客头顶上方拿取杂物。

(8)旅客丢弃在客舱通道上的杂物,包括报纸、纸巾、包装纸、牙签,以及非常小的碎纸屑等,都要及时清理干净。

(9)随时清理客舱中旅客阅读过的报纸、杂志。在提供餐饮服务环节之外,当发现旅客阅读过的报纸、杂志散乱放置在客舱通道或者座椅上时,应询问周围的旅客是否还需要这些报纸、杂志,若旅客不需要,应及时将其收回服务间。

(10)旅客用来垫脚的报纸不用强行收回。

(11)收回报纸时,需要先对其进行一定程度的整理,再拿回服务间。

(12)下降期间进行安全检查时,需要将客舱通道或座椅上旅客阅读过的报纸、杂志收回。

(13)应随时清理客舱通道或者旅客座椅上的杂物,如毛毯袋(国际航线)、耳机袋、面包包装袋等。

(14)对于1小时(含)以内航线航班,可以携带垫好托盘垫纸的大托盘,进入客舱后从第一排开始往后进行整理工作,对于矿泉水瓶和小吃袋等,提示旅客放在前排座椅口袋内即可,无须用推车收取杂物。

(15)出客舱时,应将大托盘放在身体一侧,需要为旅客收取杂物时再端起。应将大托盘端至腰间,手握下1/3处,手指不可伸入托盘内。

(16)在回收有水的杯子时,应将杯子放在托盘内靠身体的一侧,以防止液体洒落。

(17)若大托盘内的杂物已满,为了保证安全,应先回服务间进行处理,再回到刚才离开的排数继续收取杂物。

四、代旅客加工食品时的服务标准

(1)在航班飞行过程中,若有旅客提出为其加工食品的需求,乘务员应婉言相拒。在拒绝旅客提出的需求时,乘务员一定要注意语言技巧和态度,做好解释工作,不得简单以"公司规定"为由拒绝旅客,避免遭到旅客投诉。

(2)若讲明原因后,旅客仍要求为其提供服务,乘务员应妥善做好服务工作。以泡方便面为例,乘务员应先在服务间将方便面面汤冷却至温度适中(以不烫手为准),再提供给旅客;或提前与旅客协商好,待方便面泡好后,乘务员会将面汤倒掉后再提供给他/她。

（3）乘务员在为旅客提供餐食服务时，要增加热餐食在托盘中的防滑度，并提示旅客，确认旅客接好餐食。在为儿童旅客提供餐食服务时，尽量不要提供热饮，如需提供，一定要通过其监护人进行转交，与此同时，做好提醒服务。

（4）若旅客出于自身原因发生意外，乘务员应及时采取必要的补救措施，将事故危害降到最低，同时，要及时联系目击旅客，以更好地划分事故责任。

项目小结

本项目详细介绍了客舱餐饮服务的内容，包括餐食的种类、酒水基本知识和供酒服务要点，以及客舱餐饮服务流程和标准。

项目训练

线上答题

项目四

项目五　特殊餐食服务

项目描述

本项目详细介绍了特殊餐食的申请流程、确认流程、服务流程，以及特殊餐食的种类、特点及餐食代码。

项目目标

○ 知识目标

(1) 了解特殊餐食的申请流程。

(2) 熟悉特殊餐食的分类、特点、适宜人群及餐食代码。

(3) 掌握特殊餐食的确认流程及服务流程。

○ 能力目标

(1) 能够专业地向旅客介绍特殊餐食的分类及申请流程。

(2) 能够规范地向旅客确认特殊餐食。

(3) 能够规范地向旅客提供特殊餐食服务。

○ 素养目标

(1) 了解服务规范，培养精益求精的工匠精神。

(2) 具备灵活处理突发情况的能力，培养处变不惊的素质。

(3) 具备尊老爱幼意识，营造和谐的客舱氛围。

知识导图

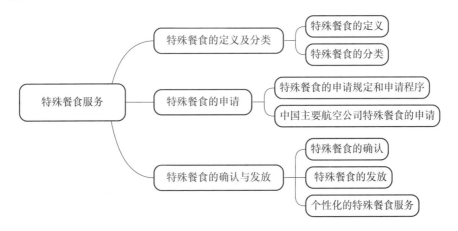

项目引入

某位旅客通过厦门航空官方网站购得7月25日北京—厦门的往返机票一张,在购票的同时预订了一份儿童餐。购票时,票务人员表示餐食已订妥。而该旅客在乘机时,只在去程享用了儿童餐,回程并未享受到相应的餐食服务。厦门航空乘务员对此的解释为"厦门机场未配特殊餐食单子"。

剖析:

按照现行规定,特殊餐食只能订单程,旅客如有需要,应在返程点另行申请。在特殊餐食服务方面,类似的投诉时有发生,因此,订餐的页面应将相关规定告知旅客。同时,纵观以往投诉案例所反映的情况,为便于向旅客提供特殊餐食服务,避免产生误会,建议为旅客提供其在订座系统中预订的特殊餐食的确认单,以备查询。

任务一 特殊餐食的定义及分类

任务描述

本任务对特殊餐食的定义及分类进行了较为全面的介绍,包括特殊餐食的种类、特点及限制性、餐食代码、适合人群等。

任务目标

熟悉特殊餐食的分类,了解宗教信仰类特殊餐食、体质要求类特殊餐食、个人偏好类特殊餐食的分类、特点及限制性,熟悉各种特殊餐食的代码。

一、特殊餐食的定义

在远离地面的三万英尺(1英尺≈0.3048米)高空,除了舒适的环境、亲切的服务、悦耳的音乐,长途飞行更能打开旅客心扉的,或许是视觉、嗅觉、味觉与云端美食相遇的刹那。旅客中不乏糖尿病患者、心脑血管疾病患者,也有一些旅客为少数民族,或信仰各类宗教,或是素食主义,还有一些旅客为婴儿或儿童等,这些有着各种不同饮食习惯的旅客,也可以在飞机上吃到为他们特别定制的饭菜,并且不收取额外费用,这种特别的餐食叫作"特殊餐食"(Special Meal),简写为"SPML"。简言之,特殊餐食是指基于旅客的宗教信仰、年龄、身体情况等特殊原因所提供的符合其特殊要求的餐食。航空公司要想在竞争日益激烈的航空市场中取得发展优势,应尊重不同旅客的饮食习惯,满足旅客多样化需求,为旅客提供优质的个性化服务,特殊餐食服务也因此成为客舱餐饮服务中不可或缺的一部分。

每个航空公司所提供的特殊餐食存在一定的差异,世界上大多数航空公司都可以为旅客提供各种标准的特殊餐食,如犹太餐、清真餐、印度餐、耆那素食餐、纯素食餐、蛋奶素食餐、东方素食餐、清淡餐、婴儿餐、儿童餐、低糖餐、无麸质餐、低卡路里餐、低脂/低胆固醇餐、低盐餐、无乳糖餐、水果餐、海鲜餐等。

二、特殊餐食的分类

(一)特殊餐食的分类及餐食代码

特殊餐食可分为宗教信仰类特殊餐食、体质要求类特殊餐食、个人偏好类特殊餐食三大类,见表5-1-1。

表5-1-1 特殊餐食相关介绍

特殊餐食大类	细分种类	餐食代码	餐食英文全称	特点及限制性	适合人群
宗教信仰类特殊餐食	犹太餐	KSML	Kosher Meal	(1)按犹太教信仰者的饮食习惯准备,符合资质的航食公司方可提供; (2)在征求旅客同意的前提下,可用整果、新鲜蔬菜、干面包替代	犹太教信仰者
	清真餐	MOML	Muslim Meal	(1)无猪肉、猪油及相关制品,无酒精; (2)符合资质的航食公司方可提供	伊斯兰教信仰者
	印度餐	HNML	Hindu Meal	(1)无牛肉,避免使用猪肉; (2)以鱼肉、鸡肉、羊肉、大米、水果等为食材; (3)烹饪时不使用酒精; (4)烹调口味通常较为辛辣	印度教信仰者
	耆那素食餐	VJML	Vegetarian Jain Meal	(1)不含各种肉类、海鲜、蛋、奶; (2)无洋葱、大蒜、姜、菌菇及根茎类食品	耆那教信仰者
	纯素食餐	VGML	Vegetarian Vegan Meal	(1)无肉、鱼、蛋、奶、蜂蜜及相关制品; (2)西式做法	严格素食者
	蛋奶素食餐	VLML	Vegetarian Lacto-Ovo Meal	(1)无肉、鱼、海鲜及相关制品; (2)有蛋、奶及相关制品; (3)西式做法	西式素食者
	东方素食餐	VOML	Vegetarian Oriental Meal	(1)无肉、鱼、蛋、奶及相关制品; (2)无葱、姜、蒜、韭菜、洋葱等有着刺激性气味的配料或配菜; (3)中式做法	东方素食者

续表

特殊餐食大类	细分种类	餐食代码	餐食英文全称	特点及限制性	适合人群
体质要求类特殊餐食	清淡餐	BLML	Bland Meal	（1）无胡椒、辣椒、芥末、大蒜等刺激性食材，以及咖啡因、酒精等刺激性成分； （2）无易胀气食材（如豆类、甘蓝类蔬菜等）	肠胃敏感的旅客
	婴儿餐	BBML	Baby Meal	（1）不添加调味品； （2）选用柔软易咀嚼、健康的食材	2周岁以下婴儿
	儿童餐	CHML	Child Meal	（1）咸、甜味均略淡； （2）无带骨的鱼类及肉类，无腌制食物，无坚果、硬糖、整颗葡萄等	2—5周岁儿童
	低糖餐	DBML	Diabetic Meal	（1）主食至少一半为粗粮，使用高膳食纤维的蔬菜，肉类去皮； （2）低油，低盐，无蔗糖	需要控制血糖的旅客
	无麸质餐	GFML	Gluten Free Meal	不使用含有谷物蛋白及其制品的食材，如小麦、燕麦、面包、蛋糕、饼干等	对谷物蛋白过敏的旅客
	低卡路里餐	LCML	Low Calorie Meal	（1）使用瘦肉、低脂乳制品、高膳食纤维的食材； （2）无糖类、油炸类、高脂类食材； （3）每餐卡路里低于400大卡	需要控制卡路里摄入量的旅客
	低脂/低胆固醇餐	LFML	Low Fat Meal	非油炸，无肥肉、内脏、海鲜、蛋黄等食材，每餐每100克食物的脂肪含量低于3克	需要控制脂肪、胆固醇摄入量的旅客
	低盐餐	LSML	Low Salt Meal	控制盐的摄入，不使用高盐分食材（如腌菜、罐头食品等），每餐含盐量不超过1克	需要控制盐摄入量的旅客
	无乳糖餐	NLML	No Lactose Meal	无乳糖及奶制品（如奶酪、黄油、蛋糕、饼干等）	对乳糖过敏的旅客
个人偏好类特殊餐食	水果餐	FPML	Fruit Platter Meal	食材只包括新鲜水果、果干、果脯	偏好水果的旅客
	海鲜餐	SFML	Seafood Meal	食材主要为海鲜	偏好海鲜的旅客

（二）宗教信仰类特殊餐食

宗教信仰类特殊餐食包括印度餐、耆那素食餐、清真餐、犹太餐、纯素食餐、蛋奶素食餐、东方素食餐。

1 印度餐

印度餐是属于印度风味的非严格素食,是为不吃牛肉的印度教徒提供的餐食,通常为辛辣口味。除了不使用牛肉,也避免使用猪肉。食材包括鸡肉、羊肉、鱼类、贝类、大米、水果等。烹饪时不使用酒精。

2 耆那素食餐

耆那教的饮食禁忌包括以下几方面:不吃任何肉蛋食品;不吃任何根茎类食品,如土豆、胡萝卜、大蒜等;不吃蘑菇等菌类;不吃蜂蜜;不吃红色的蔬果(如番茄、西瓜等);不吃通过发酵制成的食物,如酒、醋、添加酵母的面食、酸奶;不吃任何过夜的食物,食物当天制作当天吃完;不吃茄子、黄瓜这类籽太多的蔬果。但耆那教徒被允许喝牛奶——这几乎算是他们唯一的蛋白质的来源了。

3 清真餐

宗教信仰类特殊餐食中,清真餐和犹太餐的要求较多,且对餐食供应单位有严格的资质要求。清真餐的认证叫作"Halal(清真)认证",犹太餐的认证叫作"Kosher(洁食)认证",是两个不同的体系。

清真餐是根据伊斯兰教的规定和饮食习惯准备的餐食,不使用从猪肉制品、明胶、酒精中提取的香味成分,以及无鳞、无鳍的海鲜制品。根据教规,穆斯林允许食用的家禽和其他动物要性情温顺、洁净、有营养。清真餐不含有猪肉、熏肉、火腿、肠类、动物油脂或酒精、无鳞鱼类、甲鱼。

4 犹太餐

"Kosher"一词源自希伯来语,意为"Fit"(适合)或"Proper"(适宜),是指符合犹太教饮食戒律的食品。

简单来说,犹太洁食可以概括为三大类要求:"五不食","一遵从","一禁止"。

"五不食"具体包括:不食动物的血液;不食自死的动物;不食牛羊后部的某些筋腱;不食猪、兔、马、骆驼、龟、蛇、虾、贝、有翅且四足爬行的昆虫、跳鼠和凶禽猛兽;一餐饭中不可同时食用肉类及乳饮。

"一遵从"是指烹调必须遵从"特里法",即不能断定是否洁净的原料不用,烹调方法不正确的菜点不吃。符合教规的食品应有Kosher认证标志。

"一禁止"是指安息日(星期五日落至星期六日落)不可烧火做饭,以便摒除一切杂事和杂念,进行"修身养性"。安息日的食品要提前一天备妥。

犹太餐是用符合犹太教规的食材,按照犹太教规要求的屠宰和烹调方式制成的餐食,全球能够满足相关配餐要求的航空公司屈指可数。为了能让真正需要犹太餐的旅客满意,一些顶级的航空公司会委托国际上具备资质的大公司来为其制作犹太餐,制作成本的高昂程度不言而喻。例如,Hermolis便是全球著名的专门制作犹太餐的英国公司。

航班上所提供的犹太餐(见图5-1-1)需获得Kosher认证,并被层层密封,按照规定,该餐食只限食用者亲自开启。无论在哪里生产,无论由哪家餐食公司提供,犹太餐的纸盒上都会注明"依据相关饮食法的规定,犹太餐须以密封状态交付旅客"。

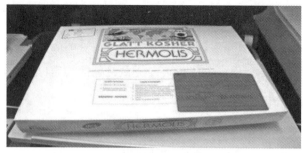

图 5-1-1　犹太餐[1]

5 素食餐

按照烹饪方法和食材的差异,素食餐可分为东方素食餐和西方素食餐。

东方严格素食餐按照中式或东方的烹饪方法制作,不含各种肉类、海鲜及蛋奶制品,或任何生长在地下的根茎类蔬菜,如生姜、大蒜、洋葱、大葱等。

西方素食餐包括纯素餐食和蛋奶素食餐,均按照西式烹调方式制成。纯素餐食不含肉、鱼、蛋、奶、蜂蜜及相关制品。蛋奶素食餐不含各种肉类或海鲜及相关制品,但含有蛋、奶及相关制品。

(三) 体质要求类特殊餐食

针对医疗原因或特殊体质要求所提供的特殊餐食包括低卡路里餐、低脂/低胆固醇餐、婴儿餐、儿童餐等。

低卡路里餐是指以每餐400卡路里以下、24小时内摄取的卡路里量在1200卡路里以内为标准配备的餐食。低卡路里餐通常含瘦肉、低脂乳制品及高膳食纤维食材,而且会避免使用煎炸食物、调味肉汁、甜品、油以及糖。

低脂/低胆固醇餐通常包含蔬果及高膳食纤维的全麦面包、谷类,相关饮品也是不添加糖分的。芬兰航空官网的餐食预订选项中,专门开辟了"健康活力餐"一项,相关餐食采用新鲜的天然食材制作,健康养生。

婴儿餐面向年龄为0岁以上2岁以下的婴儿,以断奶时期的餐食为主,如瓶装果泥、瓶装汤汁等。图5-1-2为中国南方航空供应的婴儿餐。

图 5-1-2　中国南方航空供应的婴儿餐[2]

---

[1] 图片来源:https://www.360kuai.com/pc/99205d22f59815482?cota=3&kuai_so。
[2] 图片来源:https://jt.shenchuang.com/feiji/20210511/1590176.shtml。

儿童餐主要面向2—5岁的儿童,一般提供如三明治等柔软且易于咀嚼的食物,如有需要,6岁以上不满12岁的儿童也可申请。

不同的航空公司在同一种特殊餐食上会呈现出不同的表现形式和侧重点,以儿童餐为例,与普通飞机餐相比,儿童餐更容易咀嚼,分量更小,一般会选择更吸引儿童的食材。中国国际航空在遵循这些基本标准的同时,注意避免食物口味过咸或者过甜。长荣航空更加注重儿童餐的摆盘和装饰,如会将各类食材修饰成Hello Kitty的模样来吸引儿童,如图5-1-3所示。中国南方航空供应的儿童餐见图5-1-4。

扫码看彩图

图5-1-3　长荣航空供应的儿童餐①

扫码看彩图

图5-1-4　中国南方航空供应的儿童餐②

■ 知识活页

新华空港航食成功为以色列航空提供犹太餐

记者近日获悉,北京新华空港航空食品有限公司(以下简称新华空港航食)开启了中国航空配餐业制作犹太餐的先河,成功为以色列航空提供自行加工制作的机上犹太餐,成为

---

① 图片来源:https://www.sohu.com/a/127071059_142462。
② 图片来源:https://www.sohu.com/a/127071059_142462。

中国大陆地区唯一的制作犹太餐的航空配餐公司,具有亚洲最大的犹太餐生产制作厨房。

众所周知,犹太餐的制作工艺非常复杂,从采购原料到制作餐食、存放餐食,再到餐具清洗,有着一系列的犹太教规需要遵守,而且犹太餐生产企业的资质要求也非常严格,犹太餐生产制作厨房要有行业颁发的专业执照方可投入生产……诸多限制与要求,都来自犹太教徒的宗教信仰及饮食禁忌。根据相关洁食法规,犹太教徒饮食在食材的选择及制作加工方面有着严格的限制,例如:只能吃除猪肉以外的偶蹄反刍动物;吃有鳞有鳍的鱼,除鱼鳞时不能伤及鱼皮;不吃有壳的海鲜;屠宰过程要用有着特定刀锋的刀具;肉食要经过特定的放血处理,等等。在原材料的采购方面,要求不能同时购买鱼跟肉,等等。在餐具的使用等方面,要求犹太餐的早餐与正餐要使用不同的炉灶和不同的烹饪器皿进行制作,在食用两餐时,要使用有着不同颜色或标识的餐具,此外,厨房的水槽要分开处理用料,并用当天清洗完洗碗机后的第一轮洁净的水清洗餐具,等等。

面对犹太餐近乎"苛刻"的制作要求,国内大部分航空配餐企业都望而止步,几乎所有的航空配餐企业都是从国外进口价格高昂的冷冻犹太餐来保障餐食供应。

新华空港航食作为中国第四大航空集团——海南航空旗下的航空配餐公司,于2005年1月开始运营,新华空港航食生产设备均采购于国内外知名生产企业,一部分管理及业务骨干来自海南航空其他成熟的航空配餐公司。雄厚的技术力量、一流的生产设备、干净整洁的生产环境,新华空港航食靠着自身的实力在投产仅一年的时间内便取得了美国大陆航空公司、西班牙红风筝航空公司、卢森堡国际货运航空公司及以色列航空公司四家外航的配餐业务,并且通过了ISO 9001质量管理体系及HACCP食品安全控制体系的资格认证。

承接以色列航空配餐业务前期,新华空港航食对犹太民族及其宗教信仰进行了深入了解,按照生产制作要求对现有生产厂房进行了改造,输送大量关键岗位人员赴以色列航空设于中国香港的佳美配餐公司进行学习。新华空港航食过硬的餐食生产加工水平,以及积极的合作诚意,深深打动了以色列航空,双方顺利签署了配餐服务协议。在近2个月的配餐服务过程中,新华空港航食凭借地道、专业的犹太餐,周到、热情的服务品质,赢得了以色列航空及其旅客的一致好评。

犹太餐生产,在我国大陆地区尚无前例,此次新华空港航食成功承接以色列航空犹太餐业务,在提升了其在同行业中的竞争能力的同时,也填补了我国大陆在犹太餐配餐保障方面的行业空白,对我国大陆航空配餐行业来说,是值得载入行业发展史里程碑的事件。

(资料来源:《新华空港航食成功为以色列航空提供犹太餐食》,民航资源网,2022年9月6日。)

■ 慎思笃行

万米高空品享中国味道

乘坐中国国际航空航班,将有机会享用全聚德提供的机上餐食。2020年9月6日,中国国际航空股份有限公司(以下简称国航)携手中国全聚德(集团)股份有限公司(以下简称全聚德)在北京国航世纪大厦举办"云飨中华 京韵百年"品牌合作签约发布会暨空中美食研究院成立仪式。此次签约标志着双方将汇聚资源、相互赋能,联合打造国航专属餐食产品。

签约发布会上,作为中航集团旗下国航全球餐饮供应及管理专业平台,中翼航空投资有限公司及北京航空食品有限公司发起成立了空中美食研究院,邀请知名美食机构及专家共同研发国航机上餐食,通过国航"窗口"向世界传递"中国味道"。据悉,从9月15日开始,首批由全聚德菜品构成的机上餐食将陆续在从北京出港的国航航班的两舱、经济舱与广大旅客见面,同时,9月15日至9月30日,北京首都国际机场T3航站楼国航头等舱休息室将在午餐时间为旅客提供全聚德菜品。

签约发布会上,中翼航空投资有限公司及北京航空食品有限公司总经理代表国航致辞,对双方未来的合作充满信心和期待。他表示,此次双方强强联手,将进一步优化升级国航机上餐饮体验,丰盈"国航味道",让旅客拥有更加美味的飞行时光,将中华美食送上国航航班,向全世界展示中国人的文化自信。

中国全聚德(集团)股份有限公司总经理表示,此次全聚德与国航联合推出机上餐食,将全聚德美食推向万米高空,旨在共同打造航空业中华老字号美食名片。希望全聚德原汁原味的经典美食能够丰富旅客的餐食选择,为每一位国航旅客带来完美的空中餐食体验,同时向全世界传播中华民族多彩绚烂的饮食文化。

考虑到航空餐食的特点及机上餐饮服务时长,双方此次合作在原有国际远程航线航班提供招牌"北京烤鸭"的基础上,将更多的全聚德经典美食送上国航航班,如老店烧鸭、酱爆鸭条、麻辣鸭膀丝、豌豆黄小鸭等美味佳肴纷纷上榜。

据介绍,为了能在空中特有的环境下原汁原味地为旅客"复刻"全聚德菜品,国航与全聚德进行了长达数月的研发,在全聚德众多菜品中精挑细选适合在机上食用的菜品,并由全聚德出品总监对菜品的口味、原料、制作技法和调味配比进行技术指导。经过多次品评,最终推出4款由热食、冷餐、甜品、手作点心和汤品组成的机上套餐,让旅客在万米高空惬意品尝地道的全聚德美食。

发布会现场还宣布成立了空中美食研究院。空中美食研究院邀请国内知名餐饮企业、名厨名家及国航常旅客,以品味美食精髓、探究美食产品、讲述美食故事的方式,群策群力,共同为空中美食建言献策,寻找适合旅客在航班上享用的美食,参与研发、品鉴、推广机上菜品。

(资料来源:李佳,《万米高空品享中国味道 国航携手全聚德推出专属航空餐食》,北京青年报,2022年9月6日。)

案例分析:

航空餐食的研发、品鉴和推广,是向全世界展示丰富、精彩的中华美食的重要窗口。中国国际航空通过广阔的全球航线网络,将中国元素、中国特色带上蓝天,在云端为旅客奉上一道道蕴含"中国味道"的文化大餐,极大地提升了旅客对餐食服务的满意度。

任务二　特殊餐食的申请

本任务主要对特殊餐食的申请规定和申请程序(包括常规申请程序和临时申请程序)进行了讲解,并介绍了我国主要航空公司特殊餐食的申请程序。

任务目标

熟悉特殊餐食的申请规定和基本申请程序,了解我国主要航空公司特殊餐食的申请程序。

一、特殊餐食的申请规定和申请程序

(一)特殊餐食的申请规定

由于各出港城市所能提供的特殊餐食种类不完全相同,如需预订特殊餐食,旅客需要在售票点或售票网站进行申请。中国国际航空、海南航空的国内航班一般在起飞前24小时(含)致电航空公司即可预订。

此外,需要注意以下几点:

(1)旅客若有特殊餐食需要,必须提前在售票点或售票网站进行申请、预订。

(2)旅客在机场临时申请特殊餐食时,必须符合航班始发地或经停站的配餐最短时间规定。

(3)旅客不得临时更改特殊餐食品种。

(二)特殊餐食的申请程序

1　常规申请程序

特殊餐食的常规申请程序(见图5-2-1)包括以下几个方面:

(1)售票点在订座系统中记录旅客特殊餐食的申请。

(2)订座系统自动向配餐部门拍发特殊餐食申请电报。

(3)值机员通过电脑系统或商务调度了解特殊餐食的接受预订情况。

(4)值机员向旅客确认订单,告知旅客特殊餐食是否订妥。

(5)值机员填写"旅客特殊服务通知单",将旅客的座位号和特殊餐食品种信息与航班乘务长交接。

（6）乘务员根据"旅客特殊服务通知单"上的餐食信息，为旅客提供"一对一"服务。

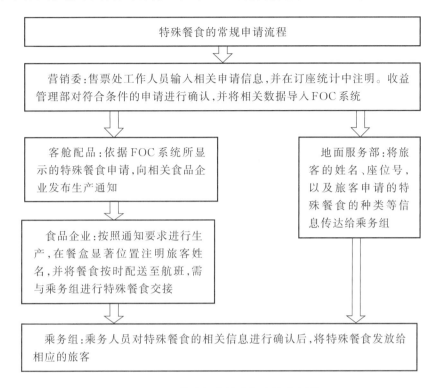

图 5-2-1　特殊餐食的常规申请流程图

2　临时申请程序

旅客在机场临时申请特殊餐食时，相关申请程序包含以下几个方面：

① 值机人员向商务调度部门提供临时加餐信息。

② 商务调度部门与航食部门进行沟通。

③ 商务调度部门通知配餐部门增加特殊餐食。

④ 值机人员向旅客确认订单，并填写"旅客特殊服务通知单"，将相关信息交给航班乘务长。

⑤ 乘务员根据通知单上的内容对旅客进行服务。

需要注意的是，若出现航班延误、航班取消、航班调配等特殊情况，旅客预订的餐食可能会受到影响。

二、中国主要航空公司特殊餐食的申请

（一）中国国际航空特殊餐食预订

（1）对于犹太餐以外的特殊餐食的预订，旅客最迟须在航班起飞前24小时（含）提出申请。距航班起飞时间前24小时内，中国国际航空不接受任何特殊餐食的申请。

(2)对于犹太餐的预订,除了由澳门始发至北京航段航班的犹太餐的申请须在航班起飞前96小时(含)提出,其他航班最迟须在航班起飞前48小时(含)提出。晚于上述时间,申请不予接受。

(3)每个航班上每名旅客仅可申请一份特殊餐食。对于旅客携带婴儿乘机的情况,除了旅客本人可申请一份特殊餐食,旅客还可以为其婴儿申请一份婴儿餐。

(4)若旅客购买的是由外航实际承运、挂中国国际航空航班号的代码共享航班和包座航班的机票,旅客须到实际承运人处提出特殊餐食申请,并按照实际承运人的特殊餐食规定办理相关程序。若旅客购买的是由中国国际航空实际承运、挂外航航班号的代码共享航班的机票,如果旅客在购票时向中国国际航空提出了特殊餐食申请,相关工作人员会按照中国国际航空的特殊餐食规定为其办理相关程序。

(二)四川航空特殊餐食预订

(1)搭乘从成都、重庆离港的航班的旅客,需在航班起飞前24小时向购票机构提出特殊餐食申请;搭乘从其他航站离港的航班的旅客,需在航班起飞前48小时向购票机构提出特殊餐食申请。

(2)配餐类型为公务酸奶、公务果盘/公务果点餐、包装早餐/正餐/点心餐涉及包装字眼如"包装点心餐+炒饭均不能提供特殊餐"或"不配餐(空)"时,无法为旅客提供特殊餐食。

(3)部分航站当地无配餐条件,旅客配餐由上一个航站带出。

(三)厦门航空特殊餐食预订

厦门航空为旅客提供了多样的特殊餐食,旅客需在预订座位时向售票点提出或致电厦门航空服务热线95557进行预订、更改或取消,并注意以下两点:

① 特殊餐食需提前24小时申请,且必须在始发航班离站前24小时提出。

② 清真餐由具备清真餐资质的单位提供,每个航季配餐部详附一份"可提供清真餐的航班清单"供旅客查询。

(四)海南航空特殊餐食预订

(1)国内航班、国际航班及中国港澳台地区航班的旅客,请至少在航班起飞前24小时预订特殊餐食(犹太餐除外),以保证充裕的备餐时间。

(2)婴儿餐属于特殊餐食,需提前预订,在没有预订的前提下,机上不单独提供餐食,请旅客根据出行需求进行预订。

(3)受各地配餐公司制作能力限制,请旅客提前致电海南航空24小时订票服务热线95339,确认所需的餐食种类是否能够提供,如无法提供,敬请谅解。

(4)特殊餐食预订方式:

① 在海南航空官网预订所需要的特殊餐食。

② 在规定时间内致电海南航空24小时订票服务热线95339预订特殊餐食。

③ 在海南航空官方App中点击"餐食预订"进行特殊餐食预订。

④ 关注海南航空官方微信公众号,依次点击"服务"—"更多服务"—"餐食预订",进行特殊餐食预订。

⑤ 在海南航空直属售票处购票时预订特殊餐食。

(5)温馨提示:

① 特殊餐食中的犹太餐仅限特定航线航班旅客预订,逾越节期间无法提供逾越节特殊犹太餐。

② 请致电海南航空24小时订票服务热线95339或在海南航空直属售票处进行犹太餐及健康餐中的特殊餐预订。

③ 特殊餐食预订是海南航空为方便旅客出行推出的增值服务,如遇航班变更等特殊情况,可能无法为旅客提供所需餐食,敬请谅解。

(五)中国东方航空特殊餐食预订

(1)餐食预订服务适用于在中国东方航空官网或官方App上购买中国东方航空客票、乘坐中国东方航空承运航班的头等舱或公务舱的旅客。

(2)仅支持航班计划起飞前1个月至航班计划起飞前48小时提供餐食预订服务。

(3)每位旅客限订1份正餐,如需预订儿童餐、婴儿餐等其他特殊餐食,请通过中国东方航空客服热线95530、官网等官方预订渠道完成预订。

(4)若遇航班变更,当次预订自动失效。

(5)支持餐食预订的航班及相应的餐谱以中国东方航空官网公布的信息为准。

(六)中国南方航空特殊餐食预订

(1)对于基于宗教信仰或医疗原因提出特殊餐食需求的旅客,中国南方航空将竭力满足其需求。旅客可在中国境内始发航班起飞前24小时(含)与中国港澳台航班/国际始发航班起飞前48小时(含)致电中国南方航空客服热线95539咨询及预订特殊餐食。

(2)目前仅在部分航班上提供犹太餐,具体航班以系统查询结果为准。旅客可在航班起飞前至少48小时(含)通过上述方式进行预订。

(3)订餐服务仅限正餐、轻正餐、点心餐,且每位旅客在一个航段上只能申请一人份特殊餐食(第二份是婴儿餐的除外)。

(4)若出现航班延误、航班取消或航班调配等特殊情况,旅客预订的餐食可能会受到影响,敬请谅解。

(5)若旅客基于健康要求或其他特殊原因,提出特殊餐食说明之外的特殊餐食需求,请旅客向客服人员准确、详细、清晰地表述需求,客服人员将在查询相关信息后及时回复预订情况。

(6)各地配餐公司所具备的特殊餐食资质不同,若配餐公司无相关特殊餐食资质,则无法供应相关特殊餐食,具体申请情况以预订结果为准。

(7)具体可预订特殊餐食的航班及相应的餐谱请以系统实际查询结果为准;餐食图片仅供参考,请以实际配送的餐食为准。

（七）深圳航空特殊餐食预订

为了更好地满足有着不同饮食习惯的旅客的需求，深圳航空准备了各种特殊餐食。此外，针对携带婴幼儿旅行的旅客，深圳航空设计了丰富的婴儿餐及相关服务，如果旅客有需要，可以向深圳航空提出申请，深圳航空将尽力满足旅客的需求。

旅客可以在航班起飞前24小时（含）预订特殊餐食（提供素食餐、儿童餐、婴儿餐等），为了确保旅客能获得所预订的特殊餐食，请旅客在购票时提出订餐申请（机上餐食配备情况以实物为准）。

■ 知识活页

中国东方航空开通特殊餐食预约服务

您的宝宝是否刚断奶不久，因而需要易咀嚼、易消化的特殊餐食？您是否希望吃到无麸质食物以避免过敏？您的用餐是否有乳糖摄入限制？您是否需要高膳食纤维食物类、海鲜类、纯水果类特殊餐点？如今，在中国东方航空实际承运且配餐的相关航班上，旅客的这些特殊餐食需求可以通过预约得到满足。中国东方航空的特殊餐食预约服务已在其各种网络平台和95530热线上推出。

这一预约服务共覆盖素食类、关爱类、健康类、儿童类、特殊类五大类餐食需求，涉及23个具体餐食品种。其中，大部分餐食品种都已覆盖中国东方航空实际承运的国内配餐航班，也有个别餐食品种，根据需求者特点，主要配备于从上海出港的国际远程航班。

旅客可以通过中国东方航空官网、官方App、官方微信小程序和95530热线，查询不同餐食的对应服务范围、预约截止时间，并进行预约。与此同时，中国东方航空的航班餐谱在线查询功能也已经上线，通过中国东方航空官网和官方App，旅客还能够提前查询所搭乘航班的餐谱。

（资料来源：《断奶餐、无麸质餐、低乳糖餐……东航开通特殊餐预约》，中国民航网，2021年9月11日。）

■ 慎思笃行

按需用餐，绿色飞行

中国南方航空相关部门结合实地调研和大数据分析发现，由于部分旅客已在地面提前用餐或无用餐需求，每次结束航班执飞任务后，都会剩余不少未被旅客食用的机上餐食，而航空餐食的生产卫生管控非常严格，根据航空餐食安全标准和行业规范，机上未使用的餐食不能回收，因此极易造成资源浪费。

针对这一现象，中国南方航空于2019年4月推出了"绿色飞行"服务项目，通过向部分旅客发送邀约短信，鼓励旅客在机上按需用餐。旅客可通过短信直接回复是否用餐，或在中国南方航空官方App、官方微信公众号、客服热线等渠道，通过餐食预订选择"绿色飞行"

服务。若旅客成功参与,机上将不再为该旅客准备餐食,仅提供饮品,同时旅客将额外获得一定数额的中国南方航空里程奖励。

中国南方航空"绿色飞行"服务项目采用"互联网+"的方式,通过提前获取旅客用餐需求、建设全流程一体化的跟踪平台,实现了餐食数量灵活可调、配餐信息实时可查、节能降耗精准可控。

"按需用餐"是中国南方航空"绿色飞行"服务项目内容的一部分。未来,中国南方航空还将继续精耕细作,进一步融合"互联网+"、5G网络、大数据等新兴技术,用"亲和精细"的服务理念,提供更多更好的、绿色低碳的产品和服务。

中国南方航空在"节约粮食、杜绝浪费"方面所做的努力远不止这些。中国南方航空旗下的航空食品企业——广州南联航空食品有限公司积极探索创新,依托ERP信息系统,构建了集餐食、餐谱、餐具计划管理于一体的航食信息支撑体系。广州南联航空食品有限公司安排专人每2小时监控航班动态及订座人数变化,及时增补餐食,做到精确计划、精准配送。此外,为进一步满足机组人员的用餐需求,同时减少餐食浪费,广州南联航空食品有限公司以广州为试点地区开展机组人员网上订餐工作,机组人员可提前24小时预订餐食,对于已在地面就餐的机组人员,不再向其额外提供机上餐食,进一步减少餐食浪费。

(资料来源:蔺丽爽,《累计减少39万份机上餐食浪费!南航是怎么做到的?》,北青网,2020年8月20日。)

案例分析:

"一粥一饭,当思来处不易。"中国南方航空通过创新产品和服务模式,在不断提升餐食服务品质的同时,采取多种方式减少"舌尖上的浪费"。

任务三 特殊餐食的确认与发放

任务描述

本任务主要介绍特殊餐食的确认、发放,以及相关服务细则和注意事项。

任务目标

掌握向旅客确认特殊餐食的流程,熟悉特殊餐食的发放时间、发放细则和注意事项。

一、特殊餐食的确认

旅客登机前,乘务长会核对特殊餐食的内容及旅客的座位号,并及时通知相应区域的乘务员。负责发放特殊餐食的乘务员应依据舱单上所列的预订特殊餐食的旅客的座位号信息,在确认旅客的身份信息及餐食的种类无误后,向旅客发放餐食。

特殊餐食的确认信息通常包括旅客的座位号、姓名,特殊餐食的名称。

中英文对话示例1:

乘务员:先生,您好。您是17排C座的王先生吗?

旅客:是的。

乘务员:您是否预订了一份海鲜餐?

旅客:对。

乘务员:那我在飞机进入平稳飞行后给您送来,好吗?

旅客:好的。

乘务员:好的。祝您旅途愉快。

CA: Hello, sir. Are you Mr. Wang in row 17, seat C?

PAX: Yes.

CA: Have you ordered a seafood meal?

PAX: That is right.

CA: I'll bring it to you after the plane is level, OK?

PAX: OK.

CA: OK. Have a good trip.

中英文对话示例2:

乘务员:您好,请问是郑女士吗?您预订了一份犹太餐,是吗?

旅客:是的。

乘务员:待飞机平飞之后,我给您拿过来,您确认一下,好吗?

旅客:好的。请一定注意不要与其他餐食混在一起加热。

乘务员:郑女士,请您放心。我们一定会为您单独加热的。如果您更换了座位,请及时联系我们的客舱乘务员。祝您旅途愉快。

CA: Excuse me, are you Ms. Zheng? You have booked a Kosher meal, haven't you?

PAX: Yes.

CA: After the plane is level, I will bring it to you for confirmation. Is that OK?

PAX: Okay. Please be careful not to mix with other meals when heating.

CA: Ms. Zheng, please rest assured. We will pay special attention and heat it separately for you. If you change your seat, please contact our cabin crew promptly. Wish you have a pleasant journey.

二、特殊餐食的发放

为了避免与一般餐食混淆,航空公司一般要求乘务员在提供餐饮服务时优先发放特殊餐食,毕竟特殊餐食一般没有备份,送错了非常麻烦,若把一盒含肉类的餐食发放给不吃肉类的旅客,轻则引发旅客不满或投诉,重则因涉嫌种族歧视而引发更大的矛盾。

犹太餐与其他特殊餐食相比,更为特殊。这种特殊不仅表现在犹太餐需要提前48小时预订,也表现在犹太餐风格迥异的烹调方式和犹太教众特殊的饮食习惯上。犹太教饮食规定对犹太餐食的烹调方式和犹太教众的饮食习惯起着决定性作用,猪肉、贝类、无鳞鱼和任何种类的食腐动物的肉都是不可食用的,此外,在制作餐食及就餐时不会将肉制品与奶制品放在一起。因此,乘务员在向预订了犹太餐的旅客提供餐食时,要注意额外的两个步骤:一是犹太餐的包装不能有破损,而且犹太餐需要交由旅客自己拆开包装进行检查;二是要单独为旅客进行犹太餐加热。换言之,犹太餐应在完好无损的餐盒中保存,整套提供给旅客,由旅客打开检查,检查完毕后,由旅客本人将犹太餐交给乘务员进行单独加热。

三、个性化的特殊餐食服务

服务的个性化基于标准化,且高于标准化,强调服务的灵活性和有的放矢,因人而异,因时而变,要求乘务员根据旅客的年龄、性别、职业、爱好、饮食习惯、消费特点、乘机次数、乘机时间等,为旅客提供针对性的餐饮服务。许多航空公司也逐步建立起旅客食谱档案,尤其是高端旅客的食谱档案,旨在为旅客提供超越预期的餐饮服务。

个性化服务更体现在当旅客提出超出正常服务范围的要求时,乘务员应不怕麻烦,在"不违背原则"和"条件允许"的前提下,努力满足旅客的需求。例如:某位旅客需要一份素食餐,但没有提前预订,这时乘务员就应根据情况灵活处理,如可以将几份水果拼成一份"水果素食餐"提供给这位旅客。

■ 知识活页

云端过新年——四川航空推出"新年红"年味餐食

以"味道川航、川航味道"为理念,四川航空客舱部的餐食研发小组立足川菜文化,定时定期选餐、更换餐谱,并与全国各合作航食单位做好沟通,积极指导,以"拼"的文化,持续打造四川航空特色航空餐食品牌。

四川航空餐食研发小组不断创新,在"红色经典""粉色养颜"套系餐食推出后,又在有"颜"有"味"方面进行持续研发,设计出"绿色健康""黑色养生"等套系餐食。除了打造好吃、好看的航空餐,他们还推出了"特别为您"系列餐饮。俏皮可爱的"熊猫特色儿童餐食",绿色健康的四川航空特色"健康轻食餐""养颜女神餐""养生妈妈餐""快乐生日餐""健康老人餐"等系列餐饮,各种专属特饮(如花果茶、火龙蜜恋、美丽新情、水果宾治、优优熊猫咖啡等)、"一带一路"沿线精选美食,以及杨枝甘露、南瓜盏、凉糕等人气甜品,这让不少旅客因为看中四川航空的特色餐饮服务而选择搭乘其航班。

香肠、年糕、糖油果子……你能想到,这些在童年记忆里过年才能吃到的美味,现在在飞机上也能品尝到了吗?四川航空在其航班上全新推出"新年红"特色年味餐食,每道菜都有一个喜庆吉祥的名称,如红红火火火锅鱼、鸿运连连年年高、虎虎生威虎皮藤椒、圆圆满满糖油果等。搭乘从成都出港的航班的旅客甚至还能吃到香肠。丰富的菜品、喜庆的菜色、地道的美味、精致的摆盘,旨在让旅客获得一段有"颜"、有"年味"、充满回忆的美食之旅。

(资料来源:《川航推出"新年红"年味餐 让旅客红红火火云端过新年》,中国民航网,2022年1月20日。)

项目小结

本项目主要介绍了特殊餐食的种类、申请程序及服务流程,并结合部分行业案例进行了详细说明。

项目训练

线上答题

项目五

项目六　特殊旅客餐饮服务

本项目详细介绍了机上特殊旅客的类型、特征,以及相关餐饮服务细则及注意事项。

○ 知识目标

(1) 了解特殊旅客的类型。

(2) 熟悉特殊旅客的特征。

(3) 熟悉为特殊旅客提供餐饮服务时的注意事项。

○ 能力目标

(1) 能够专业地向各类特殊旅客提供客舱餐饮服务。

(2) 能够处理为特殊旅客提供餐饮服务时的突发状况。

○ 素养目标

(1) 遵循服务规范,培养精益求精的工匠精神。

(2) 具备灵活处理突发情况的能力,培养遇事处变不惊的素质。

(3) 能够做到尊老爱幼,树立人本意识。

知识导图

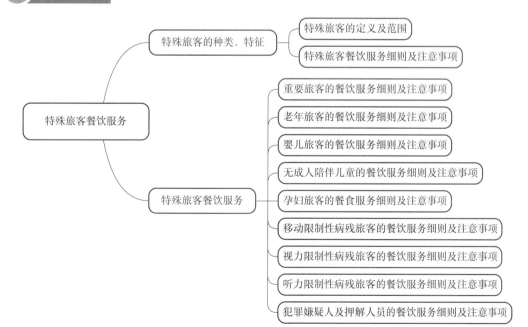

 **项目引入**

在某航班上,25D座的小旅客向乘务员点了一杯咖啡。乘务员将咖啡送到小旅客面前时,看到小旅客的小桌板上放满了物品,如餐盘、汉堡、饮料杯等,正想帮其清理出放咖啡杯的地方,小旅客伸出手来,不小心碰翻了乘务员手上的咖啡杯,咖啡洒到了小旅客和乘务员的手上及腿上。

剖析:

乘务员不应为小旅客提供含咖啡因的热饮。对于此次事件的处理办法包括:首先,乘务员应向小旅客道歉,并以小旅客的安全、健康为重,及时引导小旅客到洗手间用凉水冲洗烫伤部位,直至疼痛感减轻。如果情况允许,乘务员应尽可能服务好小旅客,为其提供换洗衣物,做好后续工作与相关情况记录。若烫伤情况严重,应请同事进行以上处理工作,同时呼叫医务人员,并通知乘务长、机长,进行妥善处理。

 ## 任务一　特殊旅客的种类、特征

任务描述

本任务对特殊旅客的种类和特征进行了较为全面的介绍。

任务目标

熟悉特殊旅客的定义、种类及特征,了解特殊旅客的相关运输规定。

一、特殊旅客的定义及范围

1 特殊旅客的定义

特殊旅客是指需要给予特殊礼遇和照顾的旅客,或是由于身体和精神状况需要给予特殊照料的旅客,或是需要符合承运人规定的运输条件方可承运的旅客。

2 特殊旅客范围

特殊旅客的范围包括:病患(含担架旅客)、障碍旅客(含轮椅旅客)、无成人陪伴儿童、老年旅客、孕妇旅客、婴儿旅客、犯罪嫌疑人及其押解人员、特殊餐饮旅客、醉酒者、机要交通员、外交信使、额外占座旅客、保密旅客。

3 限制运输范围

在航空运输中,由各承运人自行规定关于特殊旅客的运输办法。因此,凡是接受需要承运人与其他承运人联程运输的特殊旅客,必须事先取得相关承运人的同意,并按照各承运人提出的要求办理相关流程。

无成人陪伴儿童、病患、视为病伤的老人、怀孕超过32周(含)但不足36周的健康孕妇、无成人陪伴的盲人、担架旅客、无自理能力或者无成人陪伴的具有半自理能力的轮椅旅客、犯罪嫌疑人及其押解人员等特殊旅客,需在订票时提出申请,只有符合条件,且经承运人预先同意并在必要时做出相关安排后,方予以载运。

4 特殊旅客乘机文件

特殊旅客乘机文件是指"特殊旅客服务需求单",分为A类、B类、C类,由旅客申请服务时填写。

(1) A类"特殊旅客服务需求单"的适用对象包括:轮椅旅客(WCHS、WCHR)、聋哑人、盲人、老年旅客、孕期不足32周的孕妇、携带婴儿的旅客、特殊餐食旅客等,主要是指有着一般服务需求的特殊旅客。

(2) B类"特殊旅客服务需求单"的适用对象包括:无成人陪伴儿童、无陪听力障碍旅客、无陪视力障碍旅客、无陪语言障碍旅客、无陪孕妇等。

(3) C类"特殊旅客服务需求单"的适用对象包括:担架旅客,轮椅旅客(WCHC),孕期超过32周但不足36周的孕妇,因在航空旅途中需要进行医学护理而需要某种医疗设备的旅客,病患或肢体病伤的旅客,有着押解犯罪嫌疑人等特殊服务需求的旅客。

注意事项:

a. "特殊旅客需求单"的留存期为一年。

b. 若旅客涉及以下情况——使用担架或保育箱,或在航空旅途中需要医疗用氧,或患有可能对他人造成直接威胁的传染病,或为32周—36周的孕妇,或存在精神障碍,或不一定能在无特殊医疗救助的情况下安全结束飞行等,则其在航空旅途中可能面临安全风险,因此必须提供医疗证明。

c. 若承运方的工作人员判定运输旅客存在风险或者可能存在风险,可以请旅客提供运输申明书。

二、特殊旅客的种类

(一) 重要旅客

重要旅客的英文全称为"Very Important Passenger"或"Very Important Person",一般是指有较高的社会地位和知名度的人物,或是对相关国家和地区或承运方有较大影响力的人物,或是与承运方关系密切的政府官员、企事业单位的决策人。

(二)老年旅客

1 定义

原则上,老年旅客是指年龄超过65周岁、需要一定的特殊照顾或服务的旅客。

2 老年旅客的接收

遇到老年旅客及其家属订票时,航空公司工作人员应先向老年旅客的家属了解老年旅客的身体状况,包括有无心脏病或其他不适合乘机的病况,是否能够自行走动等。之后,协助老年旅客将"特殊旅客服务申请书"填写完整,字迹应工整、清晰。若老年旅客单独乘机,应确认其联系人信息。若老年旅客不符合运输条件,应拒绝接收。

(三)婴儿旅客

1 定义

婴儿旅客是指开始旅行时未年满两周岁的旅客。婴儿旅客不单独占座,其票价按成人普通票价的10%计收,每一个成人旅客所携带的婴儿中只有一个婴儿能享受这种票价。超过限额的婴儿的票价应按儿童票价计收,可单独占一个座位。

儿童旅客和婴儿旅客的年龄是指开始旅行时的实际年龄,若其在旅行途中超过其机票规定的年龄,不补收票款。

为了保证旅客的安全,不接受出生不超过14天的婴儿乘机。

2 机上婴儿摇篮特殊服务的规定

许多航空公司在一些国际航班上,可为不占用机上座位的婴儿提供机上婴儿摇篮特殊服务。同时,为使资源得到更合理的利用,规定只接受1岁以下、身高70厘米以下、体重15千克以下的婴儿使用机上婴儿摇篮。

(四)无成人陪伴儿童

1 定义

无成人陪伴儿童是指年龄满5周岁但不满12周岁,乘坐飞机时无成人(年满18周岁且有民事行为能力的人)陪伴同行的儿童。

2 运输限量

以波音737、空客A319飞机为例,其无成人陪伴儿童的运输限量为每航班5名。

3 运输条件

无成人陪伴儿童符合下列条件者,方接受运输。

(1)无成人陪伴儿童的父母或监护人应陪送儿童至乘机地点,并在儿童的下机地点,安排人员予以迎接和照料。

(2)无成人陪伴儿童的承运必须在运输的始发站预先向承运方的售票部门提出申请,其座位必须根据航空公司相关承运规定得到确认。

(五) 孕妇旅客

高空飞行中，空气中氧气成分相对减少，气压降低，因此，对于孕妇旅客的运输，有以下限制条件。

（1）对于孕期32周或不足32周的孕妇旅客，除了医生诊断为不适宜乘机的，可归为一般旅客运输，在购票时需提供预产证明，供票务人员核验。

（2）怀孕超过32周的孕妇旅客乘机需提供姓名、年龄、怀孕时间、旅行的航程和日期，以及包含是否适宜乘机、在机上是否需要提供其他特殊照顾等内容的医生诊断证明。

（3）孕妇旅客应在乘机前72小时开具医生诊断证明，经县级（含）以上的医院盖章和该院医生签字后的医生诊断证明方有效。

（4）预产期在4周以内或预产期不确定但已知为多胎分娩或预计有分娩并发症者，不予接受运输。

(六) 盲人、聋哑人旅客

1 盲人、聋哑人旅客运输规定

（1）有成人陪伴的盲人、聋哑人旅客视为正常旅客。

（2）盲人、聋哑人旅客若单独乘机旅行，需年满16周岁。

（3）不满16周岁的聋哑人旅客单独乘机，必须有自愿提供帮助的旅客陪伴。

2 导盲犬运输规定

（1）航空公司无法提供客舱导盲犬服务。

（2）对于个人出行并携带导盲犬的旅客，需要检查的内容包括：导盲犬的口套与牵引绳索；必要的证件，如导盲犬的身份证明、驯养证、工作证、检疫证，以及其他书面证明（如运输消毒证）；项圈或挂牌等能够体现该动物是一条服务犬的标志；一定量的导盲犬饲料。依靠导盲犬引路的视力受损旅客，其携带的导盲犬是免费运输的。此外，须在上机前为导盲犬戴上口套及牵引绳索，上机后，导盲犬应伏在视力受损旅客的脚边，不得在客舱内占用座位或任意跑动。

（3）语言障碍旅客（如聋哑人，或因双耳缺陷不能说话的旅客等），也可以根据上述视力受损旅客有关运输规定进行操作。

(七) 轮椅旅客

1 定义

轮椅旅客是指身体适宜乘机，但行动不便、需要轮椅代步的旅客。

2 轮椅服务的申请

航班上的轮椅有数量限制，申请轮椅服务的旅客需要遵循以下要求。

（1）机下轮椅（WCHR）是指为能够自行上下飞机，在客舱内能自己行走到座位，仅在航站楼、停机坪与飞机之间需要协助的旅客提供的轮椅。申请机下轮椅的旅客须在航班预计起飞时间24小时(含)之前,向航空公司直属售票部门(不含销售代理人)提出申请。

(2)登机轮椅(WCHS)是指为不能自行上下飞机,但在客舱内能自己走到座位的旅客提供的轮椅。申请登机轮椅的旅客应在航班起飞时间36小时(含)之前,向航空公司直属售票部门(不含销售代理人)提出申请。

(3)机上轮椅(WCHC)是指经适航许可,为在客舱内无行走能力的旅客提供的轮椅。申请机上轮椅的旅客应在航班起飞时间36小时(含)之前,向航空公司直属售票部门(不含销售代理人)提出申请。

(4)残疾人代表团应在航班起飞时间72小时(含)之前,向航空公司直属售票部门(不含销售代理人)提出申请。

(八)犯罪嫌疑人及其押解人员

犯罪嫌疑人及其押解人员的运输要求包括:

(1)运输中,必须有两名以上的押解人员(厦门航空要求三倍的警力)押送犯罪嫌疑人。

(2)押解人员在运输中对犯罪嫌疑人负全部责任。

(3)押解人员所携带的武器在飞行中一般应当交由机组保管。

(4)仅限在运输始发地申请办理订票手续。

(5)犯罪嫌疑人的座位不得安排在靠舱门的位置,一般情况下,安排在经济舱最后一排,不靠窗、不靠走道。

任务二　特殊旅客餐饮服务

  任务描述

本任务对特殊旅客的餐饮服务细则及注意事项进行了较为全面的介绍。

 **任务目标**

熟悉机上各类特殊旅客的餐饮服务细则,能够为各类特殊旅客提供针对性的专业餐饮服务,能够灵活处理机上突发状况。

一、重要旅客的餐饮服务细则及注意事项

(1)在飞机平飞后为重要旅客提供茶水和餐食,在提供姓氏服务时,采取蹲姿的形式进行询问。

(2)提供茶水和餐食时,需使用托盘进行一对一的服务,茶具、餐具等器具需按照相关要求来准备。

(3)对于重要旅客提出的特殊餐饮需求,应第一时间满足,如因条件限制不能提供时,应先表示歉意,再通过其他方式尽量弥补。

(4)若在提供餐饮服务期间,有重要旅客在休息,应预留全部类别的餐食各一份,供其醒后选择。

(5)重要旅客对餐饮方面提出的意见或建议要积极听取和记录,并在航后向有关部门及时反馈。

二、老年旅客的餐饮服务细则及注意事项

(1)为老年旅客提供饮料时,应适当提高音量,放缓语速。

(2)应主动耐心地为老年旅客介绍冷饮和热饮的品种,对于糖分较高的饮品要予以提醒。

(3)应主动为老年旅客介绍清淡、易消化、易咀嚼的餐食。

(4)应主动为老年旅客打开餐盒及刀叉包。

三、婴儿旅客的餐饮服务细则及注意事项

(1)发放餐食时,不可直接从婴儿的头部上方递送热食和汤,避免餐食汤汁滴落造成婴儿烫伤。同时,应主动询问携带婴儿的旅客是否需要为婴儿准备食物、是否有其他特殊要求等。

(2)为携带婴儿的旅客提供婴儿餐时,需向旅客介绍餐食成分,避免婴儿食用餐食后出现过敏现象。

(3)携带婴儿的旅客要求协助冲泡奶粉时,应严格按其要求进行冲泡。

四、无成人陪伴儿童的餐饮服务细则及注意事项

(1)提供饮料时,注意水杯不宜过满。热饮、热食的温度应适中。

(2)递送冷饮时,应提供吸管。此外,应主动为无成人陪伴儿童打开餐盒及刀叉包,介绍餐盒里的食物种类和名称,并询问食物中是否有过敏原,避免出现过敏现象。

(3)要提醒无成人陪伴儿童用餐时注意小桌板上的餐饮,尤其是热饮及热食,以免造成衣物污染及意外烫伤。

(4)及时收回无成人陪伴儿童用完的餐盒,并多提供一些餐巾纸或湿纸巾供其备用。

(5)禁止向无成人陪伴儿童发放坚果类及经判断无法水溶软化的小食品。配备小吃的航线,可以向无成人陪伴儿童提供备用的饼干,替代坚果类或坚硬小吃。

五、孕妇旅客的餐食服务细则及注意事项

（1）应根据孕妇旅客的喜好，向其推荐适合其口味的饮品和食物，在饮品方面，以果汁和温水为佳。

（2）孕妇旅客如需加餐，应优先提供。

（3）若孕妇旅客需要额外的辣椒酱或咸菜等，可根据实际配备情况尽量满足。

六、移动限制性病残旅客的餐饮服务细则及注意事项

（1）为移动限制性病残旅客提供餐饮服务时，不得因为旅客身体上的缺陷及病态而表露出歧视、不尊重的表情或出现语言冒犯。

（2）应主动协助移动限制性病残旅客放下小桌板，为其介绍饮料和餐食的种类。

（3）对于上肢残缺或病情较重的旅客，应将餐食递给旅客的陪同人员，或协助其打开包装。

（4）为移动限制性病残旅客服务时要小心谨慎，注意不要碰触到其伤残部位。

（5）应协助担架旅客用餐。

七、视力限制性病残旅客的餐饮服务细则及注意事项

（1）提供餐饮服务时，应协助视力限制性病残旅客放下小桌板，主动为其介绍餐饮的种类，由视力限制性病残旅客自行选择。

（2）在小桌板上放置食物时，需使用钟表指针法介绍杯、盘的位置。一旦将食物放到小桌板上，不得随意移动位置或将其取走，因为视力限制性病残旅客是靠记忆确认位置的。

（3）与视力限制性病残旅客交流时，注意要有耐心，给予其足够的考虑时间。

（4）应帮助视力限制性病残旅客打开餐盒包装及刀叉包，并告诉其餐盒内食物的位置。

（5）在征得视力限制性病残旅客的同意后，方可收餐。

八、听力限制性病残旅客的餐饮服务细则及注意事项

（1）提供餐饮服务时，可将各种饮料名称或标识主动示意给听力限制性病残旅客，由其自行选择。

（2）与听力限制性病残旅客交流时，注意要有耐心，给予其足够的考虑时间。

（3）与听力限制性病残旅客沟通前应准备好纸笔，沟通不畅时不可表现出不耐烦，或采取置之不理的态度。

（4）在征得听力限制性病残旅客的同意后，方可收餐。

九、犯罪嫌疑人及押解人员的餐饮服务细则及注意事项

（1）提供餐饮服务时，应先咨询押解人员的意见，再为犯罪嫌疑人提供餐饮服务。

（2）不得向犯罪嫌疑人及押解人员提供含有酒精的饮料和尖锐餐具，可向犯罪嫌疑人提供一次性餐具。

（3）为犯罪嫌疑人提供餐饮服务时不必紧张，表情应尽量自然。

■ 知识活页

卡塔尔航空为高端客户推出首个纯素食系列美食

为迎合大众对植物性饮食的偏好，卡塔尔航空近日宣布在所有航线航班的商务舱单点菜单中首次推出纯素食机上餐点，贵宾旅客在搭乘航班时不仅能享受到屡获殊荣的客舱服务，还能在万米高空品味到全新的舌尖上的素食体验，如图6-2-1所示。

扫码看彩图

图6-2-1　卡塔尔航空供应的纯素食航空餐

此次卡塔尔航空推出的纯素食机上菜单严选当地及国际渠道采购的新鲜食材，搭乘从卡塔尔航空的枢纽机场——哈马德国际机场（HIA）出港的所有航班，以及从哈马德国际机场进港的部分航班的商务舱旅客，均可在飞行中享受到精心烹制的纯素食航空餐。

卡塔尔航空集团首席执行官阿克巴尔·阿尔·贝克尔（Akbar Al Baker）先生表示："卡塔尔航空一直致力于为旅客提供原汁原味、独具匠心的机上用餐体验，因此我们很高兴能在机上菜单中首次推出纯素食餐点，这不仅为旅客呈现了卡塔尔航空对于万米高空的另一种生活方式的追求，也重新定义了卡塔尔航空作为一家五星级航空公司的服务标准。"

卡塔尔航空的纯素食机上菜单设计兼顾口味与可持续性理念，精心搭配的主菜包括中东烟熏茄子泥、纯素西葫芦意大利面配番茄酱、豆腐与菠菜意式饺子、亚洲烧烤风味豆腐、面条佐香葱和蘑菇、摩洛哥蔬菜塔吉锅配炸豆腐、蒸花椰菜配中东小米及意式烤面包、鹰嘴豆面粉煎蛋卷等一系列国际素食美味。

此外，卡塔尔航空还为有特殊饮食需求的旅客提供丰富的航前餐食预订服务，旅客可

在航班起飞24小时前选择心仪的特殊餐食,包括儿童餐、素食餐、宗教餐、医疗或保健餐等。

作为哈马德国际机场的独家航空配餐公司,卡塔尔航空配餐公司(QACC)精选各地时令食材,并采用考究的餐食烹饪工艺,为搭乘卡塔尔航空的旅客带来卓越的空中餐食体验。

(资料来源:《卡塔尔航空公司为高端客户推出了首个全素食系列美食》,民航资源网,2020年10月15日。)

■ 慎思笃行

特殊旅客为厦门航空的暖心服务送上锦旗

2023年3月14日下午3点,一名坐着轮椅的女士出现在厦门高崎国际机场的厦门航空柜台前,专程为厦门航空的暖心服务送上锦旗。

时间倒回一周前。3月7日晚,在厦门高崎国际机场到达厅内,一名坐着轮椅的女士引起了厦门航空地服部值班人员王浩综的注意。该女士轻装简行,虽然身体瘦弱但精神饱满。王浩综注意到该女士没有陪同人员,便主动上前询问她是否需要帮助。

"我是一名癌症晚期病人。因为恐高,一直没坐飞机,但在生命最后这短短的时间中,我想看看祖国的大好河山。"经过交谈,王浩综得知该女士姓赵,因为生病,四年前开始坐轮椅,这四年没有出过远门。根据医生的诊断,如今她只剩下一年的寿命。在刚过去的三十岁生日那天,赵女士下定决心抓住最后的时间,开始了人生的第一次飞行。这会儿,赵女士刚结束又一次旅行。"原以为癌症病人坐飞机会很麻烦,没想到从购票到轮椅申请,再到乘机当日,都有厦门航空工作人员的关心和陪伴,这给了我再次坐飞机出行的勇气。"

得知赵女士第二天还要继续飞往成都,一旁的地服员苏红烨马上联系地服运行调度处,协调航班能否靠桥,以方便轮椅旅客登机。由于时间已晚,隔日航班计划已规划到位,仅仅更改登机口也会'牵一发而动全身',通过运行调度员的多方协调,最终敲定将航班靠桥。了解到赵女士对厦门航空机上儿童餐非常感兴趣,王浩综立刻联系配餐调度,而彼时已过了特殊餐食最低保障标准时间,就在王浩综犯难的时候,收到了配餐调度的回复:"我们加班加点,尽量保障!""早听说厦门航空的服务很好,没想到能为旅客做这么多。真是太感谢你们了!"听到为她一人申请了这么多特殊保障,赵女士又惊又喜,连声道谢。

接到消息的厦门航空地服保障员张晓霞与邓柯一早就准备好轮椅等候旅客,抵达柜台的赵女士一眼认出了邓柯。原来,这是他们第二次相遇了。上一次邓柯热情且暖心的服务令赵女士印象深刻。邓柯一路推着她到隔离区内的休息室,一边陪着她候机,一边与她畅谈,转眼就到了登机时间。在客舱乘务员及邓柯的协同配合之下,赵女士顺利坐到座位上。面对赵女士的频频感谢,邓柯只是笑着说道:"这是我们应该做的,祝您旅途愉快。"

(资料来源:朱晨昕、吴亚枚,《"感谢厦航给我飞行的勇气"》,民航资源网,2023年3月20日。)

案例分析:

人生漫漫,不乏暖心的出行故事,厦门航空的工作人员用贴心相伴体现其责任感与担当意识,与旅客"双向奔赴"。从帮助旅客购票到帮助旅客申请轮椅,再到为旅客的特殊餐食需求进行配餐调度,均体现了厦门航空"以人为本、真诚服务"的理念。

项目小结

本项目详细介绍了特殊旅客的种类、特征,并结合部分行业案例阐释了相关餐饮服务细则及注意事项。

项目训练

线上答题
▼

项目六

项目七 客舱餐饮英文服务

项目描述

本项目对客舱餐饮英文服务进行了详细介绍,包括客舱餐饮英文广播、客舱餐饮服务的英文对话、客舱餐饮服务突发情况处理的英文对话等。

项目目标

○ 知识目标

(1) 了解客舱餐饮广播的内容。

(2) 熟悉客舱餐饮服务涉及的英语核心词汇和关键句型。

(3) 掌握客舱餐饮服务突发状况处理涉及的英语核心词汇和关键句型。

○ 能力目标

(1) 能够专业地向旅客进行客舱餐饮广播。

(2) 能够正确地使用英文向旅客介绍客舱提供的餐饮,包括餐饮的口味、特点。

(3) 能够使用英文灵活处理客舱餐饮服务突发状况。

○ 素养目标

(1) 遵守服务规范,培养精益求精的工匠精神。

(2) 具备灵活处理突发情况的能力,培养遇事处变不惊的素质。

(3) 具备推介中华饮食文化的意识与能力。

知识导图

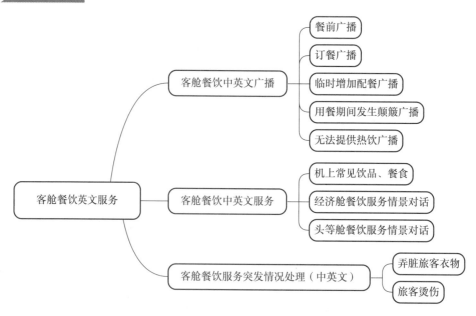

 **项目引入**

某国际航班正在供餐,一位女士因为前排椅背放下而稍感不便,于是用力推了几下椅背,想以此提醒前排的外籍男士调整一下椅背角度。外籍男士对此非常反感,但因为言语不通,两人起了争执。于是这位女士按了呼唤铃,请求乘务员负责解决此事。

剖析:

乘务员应先就打扰了外籍男士休息而对其表示歉意,并委婉向其解释事情起因,告知其在用餐时请配合将椅背调直,用餐环节结束后可根据需要调整椅背;并替女士向外籍男士表示谢意。若不能取得外籍男士的谅解,可采取让女士换到其他座位的方式,并在之后的服务中注意关注这两位旅客的情况,及时补救,取得理解与支持。

 任务一 客舱餐饮中英文广播

 **任务描述**

本任务对客舱餐饮中英文广播进行了较为全面的介绍。

 **任务目标**

熟悉客舱餐饮广播的时间和内容,能够根据不同的情况进行合适的中英文广播。

 **一、餐前广播**

餐前广播示例1:

女士们、先生们:

我们将为您提供餐食(点心餐)、茶水、咖啡和饮料。欢迎您选用。

请您将小桌板放下。为了方便其他旅客,在供餐期间,请您将座椅椅背调整到正常位置。若需要帮助,我们很乐意为您服务。谢谢!

Ladies and Gentlemen,

We will be serving you meal with tea, coffee and other soft drinks. Welcome to make your choice.

Please put down the tray table in front of you. For the convenience of the passenger behind you, please return your seat to the upright position during the meal service. If you need any assistance, please feel comfortable to contact us. Thank you!

餐前广播示例2：

女士们，先生们：

我们很快就要供应晚餐了。我们为您提供鸡肉面条和牛肉饭。如果您有特殊的饮食要求，请告诉乘务员。谢谢！

Ladies and Gentlemen,

We will soon be serving dinner. We are offering you a choice of noodles with chicken and rice with beef. If you have special diet requirements, please tell the flight attendant. Thank you!

饮品广播示例：

女士们，先生们：

我们将很快开始提供机上饮料服务。我们有一系列免费的冷热饮料，包括咖啡、茶和软饮料。我们也提供啤酒、葡萄酒和鸡尾酒。推车通过车厢时，请保持过道畅通。谢谢。

Ladies and Gentlemen,

We'll shortly begin our in-flight drinks service. We have a selection of complimentary hot and cold beverages including coffee, tea, and soft drinks. Beer, wine, and cocktails are available. As the trolley passes through the cabin, please keep the aisles clear. Thank you.

餐食广播示例：

早上好，女士们，先生们。现在我们将供应饮料，然后供应早餐。在今天的航班上，我们将为您提供冷饮，包括矿泉水、果汁、雪碧、百事可乐和可口可乐。我们还提供热水、咖啡和牛奶等热饮。今天的早餐，我们准备了面包、火腿、奶酪、丹麦黄油、酸奶、果酱和厚厚的黑面包片。欢迎您选择。非常感谢！

Good morning, ladies and gentlemen. Now we are going to serve beverages and then breakfast. On today's flight, we will provide you with cold drinks, including mineral water, fruit juice, Sprite, Pepsi-Cola and Coca-Cola. The hot drinks, like hot water, coffee, and milk are also available. For today's breakfast, we have prepared bread, ham, cheese, Danish butter, yogurt, jam, and dense slices of dark bread. You are welcome to take your choice. Thank you!

二、订餐广播

女士们，先生们：

我们现在开始接受订餐。今天，我们为您准备了一系列仅需68元的热餐。如果您想点餐，请按下呼叫按钮或询问我们的乘务员。非常感谢！

Ladies and Gentlemen,

We are now beginning to take meal orders. Today we have prepared you a selection of hot meals for only 68 yuan. If you would like to order a meal, please press the call button or just ask one of our cabin crews. Thank you!

三、临时增加配餐广播

女士们、先生们：

我们正在等待当地餐饮公司为我们提供额外的机上餐食。预计等待时间不会太长。感谢您的理解。

Ladies and Gentlemen,

We are waiting for the local catering company to provide us with additional in-flight meals. We should be on our way very soon. Thank you for your understanding.

四、用餐期间发生颠簸广播

女士们、先生们：

受航路气流影响，我们的飞机出现了一些颠簸。请您尽快就座，系好安全带。颠簸期间，为了您的安全，洗手间将暂停使用，同时，我们也将暂停客舱服务。正在用餐的旅客，请当心，避免被餐饮烫伤或弄脏衣物。谢谢！

Ladies and Gentlemen,

Our aircraft is experiencing some turbulence due to the airflow in the route. Please be seated as soon as possible, fasten your seat belt. During turbulent periods, the toilets will be temporarily suspended for your safety and we will also suspend cabin service. If you are dining, please be careful not to get burned or soiled by your meal. Thank you!

五、无法提供热饮广播

女士们，先生们：

我们很遗憾地通知您，由于机上的供水系统出现问题（由于天气寒冷，机上的水供应系统结冰），我们目前无法提供热饮，但可以提供果汁、软饮料和瓶装水等冷饮。对于由此造成的不便，我们深表歉意。感谢您的理解。

Ladies and Gentlemen,

We regret to inform you that due to problems with the water supply system onboard (As the water supply system onboard has iced up due to cold weather), we are unable to serve hot drinks at this time. Cold beverages including fruit juices, soft drinks and bottled water are available. We apologize for any inconveniences caused. Thank you for your understanding.

任务二　客舱餐饮中英文服务

任务描述

本任务对客舱餐饮中英文服务进行了较为全面的介绍。

任务目标

熟悉机上常见饮品、餐食,能够专业地提供客舱餐食服务,能够自然地推介中国饮食文化。

一、机上常见饮品、餐食

(一)机上常见饮品

1 Soft Drinks 软饮

Coca-Cola 可口可乐
Sprite 雪碧
Fenta 芬达
Seven-Ups 七喜
Mineral Water 矿泉水
Purified Water 纯净水
Apple Juice 苹果汁
Orange Juice 橙汁
Lemonade 柠檬水
Ginger Ale 姜汁汽水
Tomato Juice 番茄汁
Coconut Milk 椰子汁
Grapefruit Juice 葡萄柚汁
Vegetable Juice 蔬菜汁

2 Hot Drinks 热饮

White Coffee 白咖啡

Black Coffee 黑咖啡

Cappuccino 卡布奇诺

Green Tea 绿茶

Black Tea 红茶

Jasmine Tea 茉莉花茶

Earl Grey Tea 伯爵茶

Lemon Tea 柠檬茶

Hot Chocolate 热巧克力

3 Wines and Beers 葡萄酒和啤酒

Champagne 香槟

Bordeaux 波尔多

Burgundy 勃艮第

Snow Beer 雪花啤酒

Tsingtao Beer 青岛啤酒

4 Spirits 烈酒

Whisky 威士忌酒

Brandy 白兰地

Gin (Fizz) 杜松子酒；金酒；琴酒

Rum 朗姆酒

Vodka 伏特加

Tequila 龙舌兰酒

Bourbon 波本威士忌

Chinese Baijiu 中国白酒

Johnny Walker 约翰尼·沃克

5 Cocktail 鸡尾酒

Gin and Tonic 金汤力

Vodka Martini 伏特加马提尼

Bloody Mary 血腥玛丽

Rum and Cola 朗姆可乐

Margarita 玛格丽特

Screwdriver 螺丝钻

Bourbon and Cola 波旁可乐

Seven and Seven 七七

Bourbon and Water 波旁水

Scotch and Soda 苏格兰苏打

(二) 机上餐食

1 中式餐食

Beef Noodles 牛肉面
Chicken Rice 鸡肉饭
Beef Vermicelli 牛肉粉
Yangzhou Fried Rice 扬州炒饭
Preserved Pork Rice 腊肉饭
Curry Rice 咖喱饭
Scrambled Egg with Tomato 西红柿炒蛋
Sliced Fish with Tomato Sauce 茄汁鱼片
Cutlets Chicken with Hot Pepper 椒麻鸡块
Crisp Shrimps with Rice Wine Sauce 黄酒脆皮虾仁
Steamed Prawn 白灼虾
Steamed Spareribs with Fermented Black Beans 豆豉蒸排骨
Cold Dish 冷盘
Fried Season Vegetable 炒时蔬
Fried Diced Chicken with Soy Sauce 酱爆鸡丁
Sweet and Sour Spareribs 糖醋排骨
Sweet and Sour Fish 糖醋鱼
Crisp Sliced Fish with Rice Wine Sauce 黄酒脆皮鱼片
Baby Shrimp Soup with Egg-White 芙蓉虾仁汤
Deep-Fried Shrimps 油爆虾
Braised Beef with Brown Sauce 红烧牛肉
Steamed Shaomai Dumplings with Crab Roe 蟹黄烧卖

2 西式餐食

New York Steak 纽约牛排
Fillet Steak 菲力牛排
Sirloin Steak 沙朗牛排
T-Bone Steak 丁骨牛排
Sliced Steak on Garlic Bread 牛肉片蒜味面包
Pork Chops 牛排
Vegetable Soup 蔬菜汤
Onion Soup 洋葱汤
French Soup 法式浓汤
Seafood Soup 海鲜汤
Mushroom Soup 蘑菇汤

二、经济舱餐饮服务情景对话

Dialogue 1: Meal Service in the Short-Distance Flight

PAX: Miss, when will your serve the drinks? I'm a little bit thirsty.

CA: We are preparing for them now. Please wait a minute.

(A moment later, two stewardesses come up with the trolley.)

CA: What would you like, sir? Coffee, tea or fruit juice?

PAX: Hot tea, please. Do you have chrysanthemum tea?

CA: I'm so sorry but we don't have that on board. What about jasmine tea? Would you like to try some?

PAX: OK.

CA: Here you are. Please take care. It is hot.

PAX: Thanks a lot.

CA: It is my pleasure.

PAX: Would you kindly tell me when you are going to serve for dinner?

CA: Sorry, sir. This is a short-distance flight. We only serve snacks.

PAX: Oh. I see. What a pity. Do you have nuts or cookies?

CA: Yes, we have peanuts.

PAX: I will have peanuts, then. Thank you very much.

CA: My pleasure.

情景对话1:短途飞行餐食服务

旅客:小姐,你什么时候供应饮料?我有点渴。

乘务员:我们现在正在做准备。请稍等。

(过了一会儿,两名乘务员推着手推车走了过来。)

乘务员:您想要什么,先生? 咖啡、茶还是果汁?

旅客:请给我热茶。你有菊花茶吗?

乘务员:非常抱歉,我们飞机上没有提供菊花茶。茉莉花茶怎么样?您想尝尝吗?

旅客:好的。

乘务员:给您。请小心。有点烫。

旅客:非常感谢。

乘务员:这是我的荣幸。

旅客:请问什么时候供应晚餐?

乘务员:对不起,先生。这是一次短途飞行。我们只供应小吃。

旅客:哦。我明白了。好可惜。你们有坚果或饼干吗?

乘务员:有的,我们有花生。

旅客:那我就要花生。非常感谢。

乘务员:很高兴为您服务。

Dialogue 2 : Beverage Service

CA: Miss, what would you like for drinks? We have coffee, tea, fruit juice, milk, Coca-Cola, Sprite, Seven-up, beer and water. Which do you prefer?

PAX 1: I'll have some orange juice.

CA: Here you are, Miss. Your table is in your armrest. First open the cover, pull the table out and place it flat.

PAX 1: Oh, that's helpful. Thank you.

CA: You are welcome. And you, sir? What would you like?

PAX 2: I'd like some coffee please. I'm thirsty.

CA: OK, sir. How do you like your coffee, black or white?

PAX 2: With cream please. Add some sugar, I like it sweet.

CA: OK. Here you are. Mind your hand, it's hot!

情景对话2:饮品服务

乘务员:小姐,你想喝点什么？我们有咖啡、茶、果汁、牛奶、可口可乐、雪碧、七喜、啤酒和水。您更喜欢哪种？

旅客1:我要一杯芒果汁。

乘务员:给您,小姐。您的小桌板在扶手里。首先打开盖子,将小桌板拉出,再放平。

旅客1:哦,这很有帮助。非常感谢。

乘务员:不客气。您呢,先生？您想要喝点什么？

旅客2:我想要一些咖啡。我渴了。

乘务员:好的,先生。要黑咖啡还是白咖啡？

旅客2:请加奶油。加些糖,我喜欢甜的。

乘务员:好的,给您。小心拿好,有些烫！

Dialogue 3: Meal Service

CA: Dining car passing by, please be careful. Excuse me, madam. Would you like rice or pasta?

PAX 1: Rice, please.

CA: No problem. Could you please pull your table down?

PAX 1: Oh, the room is too narrow here.

(To PAX 2 in the front seat)

CA: Excuse me, sir. Would you please set your seat-back upright so that the lady behind you may be more comfortable having her meal.

PAX 2: Oh, sorry, I will turn it back to the way it was now.

CA: Thank you for your cooperation.

(To PAX 1)

Madam, you can pull down the table now.

(After the passenger 1 pulls down the table)

This is your fried rice with seafood.

PAX 1: Oh, that is bad. I am allergic to seafood. Anything else?

CA: We also have rice with chicken. Is that OK?

PAX 1: OK. I will have that.

CA: Here you are. Enjoy the meal.

(To PAX 3)

Miss, we have pasta with beef and rice with chicken or seafood. What would you like?

PAX 3: Is the pasta spicy?

CA: It is not spicy. It is added with tomato sauce.

PAX 3: OK. I will have pasta.

CA: Here you are.

PAX 3: Can I have more napkins?

CA: Of course, Miss. Here you are.

情景对话3：餐食服务

乘务员：餐车路过，请小心。对不起打扰了，女士。您想要米饭还是意大利面？

旅客1：请给我米饭。

乘务员：没问题。您能把小桌板放下来吗？

旅客1：哦，这里的空间太窄了。

(面向前排座椅上的旅客2)

乘务员：打扰一下，先生。麻烦您将座椅靠背放直，这样您后面的女士用餐时会更舒服。

旅客2：哦，对不起，我现在就把它调回原样。

乘务员：谢谢您的配合。

(面向旅客1)

女士，您现在可以把小桌板放下来了。

(旅客1放下小桌板后)

这是您的海鲜炒饭。

旅客1：哦，太糟糕了。我对海鲜过敏。还有别的吗？

乘务员：我们还有鸡肉饭。可以吗？

旅客1：好的，可以。

乘务员：请拿好。祝您用餐愉快。

(面向旅客3)

小姐，我们有牛肉意大利面、鸡肉饭、海鲜饭。您想要什么？

旅客3：意大利面辣吗？

乘务员:不辣。它加入了番茄酱。

旅客3:好的。我要意大利面。

乘务员:请您拿好。

旅客3:可以多给我些纸巾吗?

乘务员:当然可以,小姐。给您。

Dialogue 4: Complaints about No Drinks

CA: You pressed the call button, sir. What can I do for you?

PAX: Yes, I did. Why haven't I got any drink?

CA: Sorry, sir. You were sleeping when we served the drinks. I didn't want to interrupt you. I will prepare for you right now. Would you like something hot or cold to drink?

PAX: It's hot here. I'll have a Scotch.

CA: Straight or on the rocks?

PAX: On the rocks.

CA: OK. Please wait a moment.

情景对话4:抱怨没有饮品

乘务员:您按了呼唤铃,先生。有什么能为您效劳的?

旅客:是的,为什么我没有得到任何饮品呢?

乘务员:对不起,先生。我们供应饮料的时候,您正在睡觉。我不想吵醒您。我现在就为您做准备。您想喝点热的还是冷的?

旅客:这里很热。我要一杯苏格兰威士忌。

乘务员:直饮还是加冰块?

旅客:加冰块。

乘务员:好的。请稍等。

三、头等舱餐饮服务情景对话

(一)头等舱菜单示例

Refreshment 点心

Spicy Diced Beef 香辣牛肉粒

Mexican Chicken Rolls 墨西哥鸡肉卷

Turnip Strips Cake 萝卜丝饼

Dried Chicken Floss Cake 鸡肉松小贝

Chocolate Cake 巧克力蛋糕

Fresh Seasonal Fruits 新鲜时令水果

Breakfast 早餐

Chinese Style 中式

Chive Oil Noodles with Shrimp and Dried Scallop 干贝开洋葱油拌面

Marinated Vegetables 什锦小菜

Selected Soup Noodles 东航那碗面

White Fungus and Lycium Barbarum Soup with Brown Sugar 红糖银耳枸杞羹

Western Style 西式

Scrambled Egg with Smoked Pork Loin and Hash Browns 烟猪柳炒蛋及薯饼

Peach Danish Roll 黄桃丹麦卷

Fresh Seasonal Fruits 时令鲜果

Yoghurt 每日鲜酸奶

Lunch / Dinner 午餐/晚餐

Appetizer 前菜

Eel with Shrimp Roll 鳗鱼虾胶卷

Entree 主菜

Braised Beef with Cherry Tomato, Vegetables, Steamed Rice 樱桃番茄烩牛肉、时蔬、米饭

Shanghai Flavored Pork Chop, Vegetables, Steamed Rice 上海葱烤大排、时蔬、米饭

Delight 珍膳

Braised Pork Ball with Tomato in Soup-Stock 高汤番茄烧肉丸(Monday 星期一)

Braised Abalone with Pork Tendon in Soup 浓汤鲍鱼(Tuesday 星期二)

Stewed Beef with Enoki Mushroom in Sour Soup 酸汤金针菇肥牛卷(Wednesday 星期三)

Stewed Chicken with Three Cups Sauce 三杯鸡(Thursday 星期四)

Braised Prawn in Rattan Pepper Sauce 藤椒虾球(Friday 星期五)

Braised Fresh and Preserved Pork with Bamboo Shoot 腌笃鲜(Saturday 星期六)

Braised Abalone with Chicken 鲍鱼烩鸡球(Sunday 星期日)

Fruit 水果

Fresh Seasonable Fruits 时令鲜果

(二)推介中国餐饮文化

1 Introduce the Features of Chinese Cuisine 推介中国餐饮文化特色

(1) The Chinese food pays attention to the harmony of color, flavor and taste.
中餐讲究色香味俱全。

(2) Due to differences in geography, climate, products, culture, beliefs, and other factors, the flavors of dishes vary greatly, forming numerous kinds with regional flavorf, includ-

ing four major cuisines and eight major cuisines. The four major cuisines are Shandong cuisine in the lower reaches of the Yellow River, Sichuan cuisine in the upper reaches of the Yangtze River, Huaiyang Cuisine cuisine in the Huai'an Yangzhou area of Jiangsu Province, and Guangdong cuisine in the Lingnan area.

由于地理、气候、物产、文化、信仰等的差异,菜肴风味差别很大,形成为众多流派,有四大菜系、八大菜系之说。四大菜系,即黄河下游的鲁菜、长江上游的川菜、江苏淮安—扬州一带的淮扬菜、岭南地区的粤菜。

2 Introduce the Main Features of the Four Major Cuisines in China 介绍中国四大菜系特征

(1) Shandong cuisine stresses pure flavour, tasting somewhat salty, as well as fresh, tender, fragrant and crisp. Scallions are a specialty of Shandong, and most dishes require the use of scallions, ginger, and garlic to enhance flavor. Braised sea cucumbers with scallions or braised tendons with scallions are quite famous.

鲁菜讲究咸鲜纯正,突出本味,也讲究鲜嫩香脆。大葱为山东特产,多数菜肴要用葱、姜、蒜来增香提味,如葱烧海参、葱烧蹄筋。

(2) Shandong cuisine uses soup as the source of all kinds of freshness, emphasizing the modulation of "clear soup" and "milk soup", with clear turbidity and freshness.

鲁菜以汤为百鲜之源,讲究"清汤""奶汤"的调制,清浊分明,取其清鲜。

(3) Sichuan food is famous for bold flavors, particularly the pungency and spiciness resulting from liberal use of garlic and chili peppers, as well as the unique flavour of the Sichuan peppercorn. It has a history of over 1000 years, including more than 3000 varieties and hundreds of dishes.

川菜以大胆的口味而闻名,尤其是大量使用大蒜和辣椒带来的辛辣感,以及花椒的独特风味。它有1000多年的历史,包括3000多个品种和数百种菜肴。

(4) Sichuan food is spicy and hot. If you like something hot, it will be to your taste. Traditional dishes include Mapo Tofu, Kung Pao Chicken, Boiled Fish, Twice-cooked Pork Slices, Ants Climbing a Tree and Dongpo Pork.

川菜又麻又辣。如果您喜欢辣菜,那就合您的口味。传统菜肴包括麻婆豆腐、宫保鸡丁、水煮鱼、回锅肉、蚂蚁爬树和东坡肉。

(5) Canton food is famous for its wide variety of chosen materials. It is said that "Any flying object can be eaten except a plane, any four-leg object can be cooked except table".

粤菜以其选料繁多而闻名。据说,"除了飞机,任何飞行物体都可以吃,除了桌子,任何四条腿的物体都可以烹饪"。

(6) Huaiyang cuisine is fresh and mild in taste, moderately salty and sweet in intensity. Huaiyang cuisine pays particular attention to fresh and tender ingredients, exquisite craftsmanship. Its cutting techniques, especially melon carving, are renowned throughout the world. It is notable for light taste, emphasizing the original flavor, emphasizing the importance of soup

mixing. It is also characterized by bright colors, refreshing and pleasing to the eye, and beautiful innovative designs.

淮扬菜口味清鲜平和,咸甜浓淡适中。淮扬菜的选料尤为注重鲜活、鲜嫩。制作精细,注意刀工,尤以瓜雕享誉四方。调味清淡味,强调本味,重视调汤,风味清鲜。色彩鲜艳,清爽悦目,造型美观,别致新颖。

(三)头等舱餐饮服务情景对话

Dialogue 1: Recommending Chinese Dishes

CA: Excuse me, Mr. Smith. We will be serving dinner soon. Let me pull out your tray.

PAX: OK. Thank you.

(After pulling out the tray and putting down the tablecloth)

CA: May I take your order now? What would you like for starters, Mr. Smith?

PAX: It is hard to decide. What would you recommend?

CA: Well, you may try snow fungus soup with rock sugar. It is a common Chinese dessert snack, which is boiled from tremella. It tastes smooth, sweet and mellow. It is always popular with our guests.

PAX: Ok, I will have it.

CA: Very good, sir. And what would you like to follow? How about the main course? Today's special is braised Prawn in Rattan Pepper Sauce, which is notable for its pungency and spiciness. Would you like to have a try?

PAX: I want to try something light today.

CA: I see. We have other options for the main course: Shanghai flavored pork chop, braised pork ball with tomato in soup-stock, braised abalone with pork tendon in soup. Which would you prefer?

PAX: I'd like to try braised pork ball with tomato in soup-stock.

CA: No problem. Would you like some beverages to go with your dinner?

PAX: Do you have red wine?

CA: Yes, sir. We have the Great Wall Red Wine which is one of our best red wines. It goes very well with your dish.

PAX: OK. I will have it.

(The cabin attendant repeats the order. After a while, she comes back with the dishes.)

CA: Mr. Smith, what time would you like your wines to be served, with the main dish or now?

PAX: Now, please.

(The cabin attendant shows the wine label and bottle body to Mr. Smith.)

CA: Should I open the wine now?

PAX: Yes. Open it, please.

(The cabin attendant takes out the cork and pours a mouthful of the wine into the glass.)

CA: How do you like it?

PAX: Very good. Please pour some more.

(The cabin attendant continues to pour the wine for Mr. Smith.)

CA: Enjoy your meal.

(About 20 minutes later, the cabin attendant comes back.)

CA: Have you finished the meal? Do you enjoy your meal, sir?

PAX: Yes, I enjoy it very much. The pork ball is juicy and tender. It tastes very good.

CA: Thank you. May I take the plate?

PAX: Yes, please. Er, do you mind fetching me a cup of water?

CA: Of course not. Please wait a moment.

情景对话1：推荐中国菜品

乘务员：打扰一下，史密斯先生。我们很快就会供应晚餐。让我帮您把小桌板拿出来。

旅客：好的，谢谢。

(拉出托盘并铺好桌布后)

乘务员：现在可以点菜了吗？史密斯先生，您的开胃菜要什么？

旅客：这很难决定。你推荐什么？

乘务员：您可以试试冰糖银耳汤。这是常见的中国甜品小吃，由银耳熬制而成。它的口感滑润，香甜醇美。很受我们旅客的欢迎。

旅客：好的，那就冰糖银耳汤。

乘务员：好的，先生。然后呢？主菜您想吃什么？今天的特色菜是藤椒烧大虾，以其辛辣而著称。您想试试吗？

旅客：我今天想试试清淡的东西。

乘务员：我明白了。主菜我们还有其他选择：海味猪排、高汤番茄烧肉丸、高汤牛筋炖鲍鱼。您更喜欢哪一个？

旅客：我想尝尝高汤番茄炖猪肉丸。

乘务员：没问题。晚餐时您想喝点什么吗？

旅客：有红酒吗？

乘务员：是的，先生。我们有长城干红，它是我们最好的红酒之一。它和你的菜很相配。

旅客：好的，那就选它吧。

(乘务员重复着菜品。过了一会儿，她端着菜回来了。)

乘务员：史密斯先生，您的葡萄酒是和主菜一起上桌，还是现在上桌？

旅客：现在吧。

(乘务员向史密斯先生展示了葡萄酒标签和瓶身。)

乘务员：我现在可以打开葡萄酒了吗？

旅客：是的。请打开它。

（乘务员取出软木塞,往杯子里倒了一口酒。）

乘务员:您觉得怎么样?

旅客:很好。请再倒一些吧。

（乘务员为史密斯先生倒酒。）

乘务员:祝您用餐愉快。

（大约20分钟后,乘务员回来了。）

乘务员:您用完餐了吗? 用餐愉快吗,史密斯先生?

旅客:是的,我非常喜欢。猪肉丸子又嫩又多汁。味道很好。

乘务员:谢谢。我可以收盘子吗?

旅客:是的,介意给我倒杯水吗?

乘务员:当然可以。请稍等。

Dialogue 2: Taking Western Order

CA: May I take your order, sir? Here is the menu for today.

PAX: Let me see.

CA: We have roasted beef, steak, prawn and pork chops.

PAX: Is it sirloin steak, T-bone or fillet steak?

CA: We offer fillet steak. It is fresh and tender. Many passengers give high comments on it.

PAX: Really? I'll have a shot.

CA: How would you like your steak? Rare, medium or well-done?

PAX: Well-done, please.

CA: With tomato sauce or black pepper sauce?

PAX: Black pepper sauce.

CA: No problem. Would you like some wine to go with your steak? We have Bordeaux, Cabernet, Merlot and some white wine available.

PAX: Just some Bordeaux will be fine. Thank you.

CA: Please wait a moment. Your dishes will be ready soon.

（30 minutes later, the cabin attendant starts to collect the meal trays.）

CA: How was your meal?

PAX: It was wonderful.

CA: Shall I take all the plates if you're through with the meal?

PAX: Sure. Go ahead. Would you please show me how to stow the tray table?

CA: Just put it upright and turn this knob tightly. Now it is stored properly.

PAX: Thank you.

情景对话2：西式点餐

乘务员：先生，请问可以点菜吗？这是今天的菜单。

旅客：让我看看。

乘务员：我们有烤牛肉、牛排、对虾和猪排。

旅客：牛排是西冷牛排、T骨牛排还是菲力牛排？

乘务员：我们提供菲力牛排。肉质鲜嫩。许多旅客对此评价很高。

旅客：真的吗？那我试试。

乘务员：您的牛排要几分熟？三分熟、中等熟还是熟透？

旅客：全熟。

乘务员：番茄酱还是黑胡椒酱？

旅客：黑胡椒酱。

乘务员：没问题。您想配些葡萄酒吗？我们有波尔多、赤霞珠、梅洛和一些白葡萄酒。

旅客：只要波尔多葡萄酒就可以了。非常感谢。

乘务员：请稍等。菜很快就好。

（30分钟后，乘务员开始回收餐盘。）

乘务员：您用餐愉快吗？

旅客：很棒。

乘务员：如果您用餐完毕，让我为您把所有的盘子都收走，好吗？

旅客：当然。请告诉我如何收起小桌板，好吗？

乘务员：请把它竖起来，把这个旋钮转紧。这样就收好了。

旅客：谢谢。

Dialogue 3: No Special Meal

PAX: Excuse me. I'm a vegetarian. Do you have any vegetarian meal?

CA: Have you ordered the special meal?

PAX: I am afraid not.

CA: We have vegetable lasagne today.

PAX: I don't like lasagne. Is there any other choice?

CA: We can also prepare vegetable soup or salad.

PAX: That is OK. Do you offer French dressing or Thousand Island dressing for the salad?

CA:We have both. Which do you prefer?

PAX: I'll have salad with a little French dressing please.

(Just at this moment, a little girl is crying.)

By the way, my little daughter has caught a cold. She has no appetite at all. Do you have anything easy to digest? Or is there any spare child meal?

CA: I'm sorry to hear that. We can offer her some cake and warm milk. Is that OK?

PAX: That's very kind of you. That is exactly what she wants. Thanks a lot.

CA: Not at all.

情景对话 3：无特殊餐食

旅客：打扰一下，我是素食主义者。你们有什么素食餐吗？

乘务员：您预订了特殊餐食了吗？

旅客：没有。

乘务员：我们今天有蔬菜千层面。

旅客：我不喜欢千层面。有别的选择吗？

乘务员：我们也可以准备蔬菜汤或沙拉。

旅客：可以的。你们提供法式调料还是千岛调料？

乘务员：我们两者都有。您更喜欢哪一个？

旅客：我要沙拉加一点法式调料。

（就在这时，一个小女孩哭起来了。）

旅客：顺便说一句，我的小女儿感冒了。她一点食欲都没有。有容易消化的东西吗？或者有多余的儿童餐吗？

乘务员：听到这个消息我很抱歉。我们可以给她一些蛋糕和热牛奶。这样可以吗？

旅客：你真是太好了。这正是她想要的。非常感谢。

乘务员：不客气。

任务三　客舱餐饮服务突发情况处理（中英文）

任务描述

本任务对提供客舱餐饮服务时的突发情况及其处理方案进行了较为全面的介绍。

任务目标

熟悉客舱餐饮服务时的各类突发情况，能够安抚旅客情绪，在提供解决方案时体现专业性。

一、弄脏旅客衣物

（一）处理程序

乘务员若在餐饮服务过程中弄脏了旅客衣物，应先向旅客诚恳地道歉，若旅客携带了换洗衣物，在征求旅客的同意后，带旅客去卫生间换干净的衣服；之后向旅客承诺会洗好弄脏的衣物,以快递方式交还,并记录下旅客的地址、电话等。

(二)情景对话

CA: Madam, would you like something to drink?

PAX: What do you have in your drink cart?

CA: We are serving tea, coffee, Pepsi-Cola, Sprite, Fanta, fruit juice and mineral water.

PAX: Sprite, please.

(The cabin attendant spills Sprite on the passenger.)

CA: I am so sorry. Let me help to wipe it up. Do you need another towel?

PAX: Oh, you are so clumsy.

CA: I'm really sorry, please forgive me. May I offer you some blankets or pillows to cover the wet seat?

PAX: I want to change the seat.

CA: OK. Let me check if there is another seat available in the cabin. Please wait a second.

(After a few minutes.)

CA: Madam, we are very sorry for the inconvenience caused to you. It is really our fault. As compensation, we will offer you a free upgrade to business class. Do you think it's okay? Also, do you have any other clothing with you? Let me take you to the dressing room to change your clothes first.

PAX: It is not necessary to change clothes.

CA: Then I will take you to business class. Where is your luggage? Let me help you with your luggage.

PAX: I have just one case. I can handle it myself.

CA: OK. Please go this way. This is your seat. Is it OK?

PAX: It is OK.

CA: I sincerely apologize once again for the inconvenience. I promise it will not happen again. Thank you for your understanding.

乘务员:女士,您想喝点什么?

旅客:你的饮料车里有什么?

乘务员:我们供应茶、咖啡、百事可乐、雪碧、芬达、果汁和矿泉水。

旅客:请给我雪碧。

(乘务员将雪碧撒在了旅客身上。)

乘务员:非常抱歉。让我帮您擦干净。您需要另一条毛巾吗?

旅客:哦,你笨手笨脚的。

乘务员:我真的很抱歉,请原谅我。您需要我为您提供一些毯子或枕头来盖住湿座位吗?

旅客:我想换个座位。

乘务员:好的。让我检查一下机舱里是否还有其他空余的座位。请稍等。

(几分钟后。)

乘务员:女士,非常抱歉给您造成这样的不便。这都是我们的错。作为补偿,我们给您免费升舱到商务舱。您看可以吗?另外,您有携带别的衣物吗?我带您先去更衣室换一下衣服吧。

旅客:不太需要换衣服。

乘务员:那我带您去商务舱。您的行李在哪里?我帮您拿。

旅客:就一个箱子。我自己拿吧。

乘务员:好的。请往这边走。这是您的座位。您看,可以吗?

旅客:可以。

乘务员:给您造成的不便,我再次诚恳地道歉。我保证同样的事情不会再发生。感谢您的理解。

二、旅客烫伤

(一)烫伤程度分类及处置

客舱供应的菜品、茶水有一定的温度,若是乘务员在递送餐饮时没有拿稳,或是乘务员在提供餐饮服务时飞机因遇到气流而出现颠簸,或是旅客在接取餐饮时没有拿稳,都可能使餐饮洒出,这些是引起飞机上的烫伤事件的三大主要原因。以下主要介绍了一度烫伤、二度烫伤、三度烫伤的相应症状及处理方案。

1 一度烫伤

(1)症状:皮肤红肿,有疼痛感。

(2)处理方案:用冷水冲洗烫伤部位5—10分钟,或进行冷敷。可涂抹烫伤膏,如有需要,可以进行一定的包扎。

2 二度烫伤

(1)症状:皮肤红肿,起水泡,有溢出液,有疼痛感。

(2)处理方案:用冷水冲洗未破的水泡,直至疼痛感消失。

3 三度烫伤

(1)症状:表皮变白,或是出现表皮脱落,组织或骨骼可能暴露,可能出现休克。

(2)处理方案:

① 不要试图脱下或移动烫伤处的衣物。用干燥的消毒绷带对烫伤部位进行包扎,并将相关部位轻轻抬起。若出现休克,需进行急救。

② 切勿戳破水泡,不可冰敷,避免发生感染。

③ 若水泡已破,不可以涂抹烫伤膏。

④ 若旅客烫伤严重,乘务员应通过广播寻求客舱里的职业为医生或护士的旅客(若

有)帮忙。

⑤落地后,主任/乘务长需要将填写好的"空地交接单"交于地面服务部,并由地面工作人员送受伤的旅客前往附近的医院进行治疗。主任/乘务长需要在航后24小时内向值班经理汇报,并上交"紧急医学事件报告单""知情同意书"等文件。

机上烫伤特殊情况处理:

a.若是机上旅客烫伤其他旅客,乘务员需记录旅客(双方)的姓名、电话、身份证号码、登机牌号码,填写特殊情况报告并请旅客(双方)确认签字。下机后,乘务员需与地面人员进行交接,并陪同旅客(双方)去医院做进一步检查。

b.若是乘务员烫伤旅客或者旅客将自己烫伤,乘务员需记录旅客姓名、电话、身份证号码、登机牌号码,填写特殊情况报告并请旅客确认签字。下机后,将旅客移交地面人员处理。

(二)情景对话

(When the passenger in seat 45C was drinking coffee, there was a sudden turbulence in the air flow onboard. The passenger knocked over her coffee cup and spilled hot coffee on her arm. The flight attendant heard the sound and went up.)

CA: Madam, what is up? Are you OK now?

PAX: Oh, it is too bad. There was a sudden turbulence and I spilled my coffee.

CA: I am sorry to hear that. Your arm was burned and swollen. I will first take you to the rear cabin restroom for burn treatment. OK?

PAX: OK.

(After rinsing the burned arm with cold water for 10 minutes)

CA: How are you feeling now? Do you still feel pain at the burn site?

PAX: Much better.

CA: This is burn ointment. Let me apply it to you.

PAX: Thank you.

CA: It is my pleasure.

CA: There are some coffee stains on the seat. Do you want to change to a new seat?

PAX: It would be great if you can.

CA: Let me arrange the seat 60F for you. Where is your luggage?

PAX: I just have this handbag.

CA: Let me help you with your bag. This way please.

(After seating the passenger)

CA: This is the special case report. Would you please confirm the situation and sign your name here?

PAX: No problem.

CA: Thank you for your cooperation. Now please have a rest. If you need anything, please feel free to tell us.

（45C座旅客在饮用咖啡时，机上突发气流颠簸，旅客不慎将咖啡杯打翻，热咖啡洒在旅客手臂上，乘务员听到声音，走上前查看情况。）

乘务员：女士，怎么了？你现在还好吗？

旅客：哦，太糟糕了。突然发生气流颠簸，我把咖啡洒了。

乘务员：听到这个消息我很抱歉。您的手臂红肿了。我先带您去后舱洗手间进行冷敷处理。好吗？

旅客：好的。

（用冷水持续冲洗烧伤的手臂10分钟后）

乘务员：您现在感觉怎么样？仍然感到烧伤部位疼痛吗？

旅客：好多了。

乘务员：这是烧伤膏。我来帮您涂上。

旅客：谢谢。

乘务员：这是我的荣幸。

乘务员：座位上有一些咖啡渍。您想换个新座位吗？

旅客：如果可以的话，那就太好了。

乘务员：我给您安排60F的座位。您的行李在哪里？

旅客：我只有这个手提包。

乘务员：让我帮您拿包。请这边走。

（旅客就座后）

乘务员：这是特殊情况报告。请您确认一下情况并在这里签名好吗？

旅客：没问题。

乘务员：谢谢您的配合。现在请休息一下。如果您需要什么，请随时告诉我们。

项目小结

本项目对中英文客舱餐饮广播、使用中英文提供客舱餐饮服务、使用中英文处理客舱餐饮服务的突发状况进行了详细介绍，注重客舱餐饮服务相关语言训练与技能培养。

项目训练

一、中译英

1. 现在是供餐时间，请放下您的小桌板。
2. 您想喝点什么？我们有咖啡、茶、橙汁、苹果汁、可乐。
3. 您想喝清咖啡还是加奶咖啡？
4. 您想直接喝还是加冰块？
5. 咖啡还没有做好，您想先喝点茶吗？
6. 晚餐我们有牛肉面和鸡肉饭，请问您想要哪一种？
7. 请问您有提前预订儿童餐吗？

8. 这是我们今天的菜品,请小心接好,有点烫。

9. 您的牛排要几分熟?

10. 这个月我们推出龙年新春特别餐单,有多种菜肴供您选择。

11. 如果您喜欢吃辣的,可以试试我们四川名菜——宫保鸡丁。

12. 这是您的牛肉面,请慢用。

13. 请问您的用餐体验愉快吗?

14. 如果您吃完了,我帮您清理一下桌子。

二、英译中

1. Please show me the menu.

2. What is special today?

3. I have no idea about what to eat. Could you give me some suggestions?

4. It tastes excellent.

5. Many guests speak highly of it.

6. Your table is in your armrest. First open the cover, pull the table out and place it flat.

7. How would you like your coffee, black or white?

8. How would you like your brandy? On the rocks or straight?

9. I'm afraid bar service is offered to economy class passengers at a reasonable price.

10. We'll be serving dinner soon. You can choose between Kung Pao chicken rice and beef noodles.

11. If there is anything else we can do for you, just press this call button.

12. The dinner will be ready in 5 minutes. Please wait a moment.

13. For main dishes we have beef noodles and seafood rice, which one would you prefer?

14. I'm sorry, we are out of the seafood rice, but we still have chicken noodles.

15. Would you please warm some milk for my baby?

REFERENCES
参考文献

[1] 廉洁,杨丽明.航空餐饮服务[M].北京:中国人民大学出版社,2019年.
[2] 兰琳,陈卓.空乘餐饮服务实务[M].北京:清华大学出版社,2019年.
[3] 陈坚,阮世勤,黄玉君,等.航空服务英语口语教程[M].上海:外语教学与研究出版社,2018.
[4] 吕松涛.民航英语实用教程[M].北京:中国民航出版社,2021.
[5] 杨长进.民航英语口语[M].北京:航空工业出版社,2021.
[6] 韩瑛.民航客舱服务与管理[M].北京:化学工业出版社,2020年.
[7] 江丽容,王观军.民航客舱服务与管理[M].武汉:华中科技大学出版社,2022年.
[8] 马丽,吴云.民航客舱服务与技能[M].北京:中国人民大学出版社,2020.
[9] 张波,刘海金.我国航空餐饮业发展中存在的问题及对策[J].商业时代,2008(14).
[10] 万云洁."1+X"证书背景下"航空餐饮服务"课程混合式教学探索[J].当代旅游,2021(28).
[11] 丁忠.客舱餐饮服务提升研究[J].空运商务,2018(10).
[12] 李海峰,孙树贵,王维正,等.中国部分航空公司飞机餐饮服务对其经济效益影响的研究[J].空运商务,2016(5).
[13] 赵研.基于JSP的航空公司在线餐饮管理系统的设计与实现[D].长春:吉林大学,2011.
[14] 王婷.民航飞机机上餐饮服务系统的设计研究[D].沈阳:沈阳航空航天大学,2017.

教学支持说明

高等职业学校"十四五"规划民航服务类系列教材系华中科技大学出版社"十四五"期间重点规划教材。

为了改善教学效果，提高教材的使用效率，满足高校授课教师的教学需求，本套教材备有与纸质教材配套的教学课件(PPT电子教案)和拓展资源(案例库、习题库等)。

为保证本教学课件及相关教学资料仅为教材使用者所用，我们将向使用本套教材的高校授课教师免费赠送教学课件或相关教学资料，烦请授课教师通过电话、邮件或加入民航专家俱乐部QQ群等方式与我们联系，获取"教学课件资源申请表"文档，准确填写后发给我们，我们的联系方式如下：

地址：湖北省武汉市东湖新技术开发区华工科技园华工园六路

邮编：430223

电话：027-81321911

传真：027-81321917

E-mail：lyzjjlb@163.com

民航专家俱乐部QQ群号：799420527

民航专家俱乐部QQ群二维码：

扫一扫二维码，加入群聊。

教学课件资源申请表

填表时间：_____年___月___日

1. 以下内容请教师按实际情况写，★为必填项。
2. 根据个人情况如实填写，相关内容可以酌情调整提交。

★姓名		★性别	□男 □女	出生年月		★职务	
						★职称	□教授 □副教授 □讲师 □助教

★学校		★院/系	
★教研室		★专业	
★办公电话		家庭电话		★移动电话	
★E-mail（请填写清晰）			★QQ号/微信号	
★联系地址			★邮编	

★现在主授课程情况	学生人数	教材所属出版社	教材满意度
课程一			□满意 □一般 □不满意
课程二			□满意 □一般 □不满意
课程三			□满意 □一般 □不满意
其 他			□满意 □一般 □不满意

教 材 出 版 信 息			
方向一		□准备写 □写作中 □已成稿 □已出版待修订 □有讲义		
方向二		□准备写 □写作中 □已成稿 □已出版待修订 □有讲义		
方向三		□准备写 □写作中 □已成稿 □已出版待修订 □有讲义		

请教师认真填写表格下列内容，提供索取课件配套教材的相关信息，我社根据每位教师填表信息的完整性、授课情况与索取课件的相关性，以及教材使用的情况赠送教材的配套课件及相关教学资源。

ISBN(书号)	书名	作者	索取课件简要说明	学生人数（如选作教材）
			□教学 □参考	
			□教学 □参考	

★您对与课件配套的纸质教材的意见和建议,希望提供哪些配套教学资源：